领导才能的培养

刘彬彬·编著

吉林文史出版社

图书在版编目（CIP）数据

领导才能的培养 / 刘彬彬编著. —长春：吉林文
史出版社，2017.5
ISBN 978-7-5472-4325-1

Ⅰ.①领… Ⅱ.①刘… Ⅲ.①企业领导学
Ⅳ.①F272.91

中国版本图书馆CIP数据核字（2017）第140211号

领导才能的培养

Lingdao Caineng De Peiyang

编　　著：刘彬彬
责任编辑：李相梅
责任校对：赵丹瑜
出版发行：吉林文史出版社（长春市人民大街4646号）
印　　刷：永清县晔盛亚胶印有限公司印刷
开　　本：720mm×1000mm　1/16
印　　张：12
字　　数：129千字
标准书号：ISBN 978-7-5472-4325-1
版　　次：2017年10月第1版
印　　次：2017年10月第1次
定　　价：35.80元

目录

CONTENTS

提升专业知识

经典案例

纪昌要学习射箭，他拜当时射箭技术最好的飞卫为师。开始时，飞卫并没有教他任何射箭的技巧，而是要求他盯住目标，眼睛不能眨动。纪昌花了两年的时间练习，练到即使是锥子朝眼睛刺来也不眨眼的程度。接着飞卫又进一步要求纪昌练习眼力，要求他达到可以将很小的东西清晰地放大，感觉就像在眼皮底下一样清晰。纪昌又苦练了三年，终于练到可以将虱子看成车辆一样大，这时飞卫要求纪昌射箭，此时纪昌可以轻而易举地射中远处的虱子。

举一反三

学习射箭必须先练眼力，基础动做扎实了，就可以作出千变

万化地应用；企业的经营也是一样，基本的人事、财务、技术、业务一定要好好掌握，那么后续就可以大展宏图了。干什么事情都像在修塔一样，如果一味地只想着往上砌砖，而忘记了将地基打牢，迟早有一天塔会倒塌的。

就像我们众所周知的著名画家达·芬奇，在他刚刚开始学习画画儿的时候，老师也是让他从最简单的鸡蛋开始画起。当他画了无数只鸡蛋以后，练就了雄厚的基本功，之后画任何东西都游刃有余，不费吹灰之力。这就是不断练习基本功的好处。

事实上，在当今社会瞬息万变的情况下，单单练好基本功已经不足以满足市场的变化，我们还要不断地学习各种能力。

美国通用公司为何取得今天的成就？这与它具有一位杰出的CEO是分不开的，杰克·韦尔奇正是这种学习型领导的榜样。

韦尔奇之所以能成为全球著名的CEO和企业界的一代宗师，与他强调通用是一个无边界的学习型团队、以全球的公司为师是分不开的。

他说："很多年前，丰田公司教会了我们学会资产管理，摩托罗拉和爱立信推动了我们学习六个西格玛，思科和Trioloy帮助我们学会了数字化。这样世界上的商业精华和管理才智都在我们手中，而且，面对未来我们也要这样不断地追寻世界上最新最好的东西，为我所用。"

学习力是最可贵的生命力。当代社会科技发展日新月异，知识总量的翻番周期愈来愈短，从过去的100年、50年、20年缩短到5年、3年。有人预言人类现有知识只相当于知识总和的5%，其余的95%现在还没有创造出来。这表明，历史绵延很久的"一次性学习时代"已告终结，学历教育已被终身教育所取代。

妙语点睛

◎学习力是领导最活跃的创造力，是最本质的竞争力，是一种战略抉择。

◎在领导者的职业生涯中，领导者要善于做员工的教练，领导者要善于扮演教练的角色，将自己的工作思路、计划、方法以及专业知识传授给员工，继而提高他们的知识素质、工作能力和工作业绩，这是履行领导职责、提高领导业绩的有益选择。

◎一个卓越的领导者不仅要有专业知识，还要成为一个思想者。

成功没有你想象的那么难

经典案例

有一位韩国留学生，他在英国剑桥主修心理学。他经常利用喝下午茶的时间在学校的咖啡厅听一些成功人士聊天，这些成功人士有学术权威、商界精英，甚至有诺贝尔奖的获得者，这些人在自己的领域中都是举足轻重的人物。他们的聊天让人感觉到的是风趣幽默，举重若轻，并没有觉得成功是多么困难的事情，在他们看来成功是非常自然和顺理成章的。慢慢地，他发现自己似乎是被国内的成功人士给骗了，在国内成功创业的人都说自己的创业经历是如何如何艰辛，让正在走创业道路的人知难而退。

作为心理学专业的学生，他认为自己有使命对当时的韩国成功人士的心态做一份研究报告。在他毕业时，他以《成功并不像你想的那么难》为题目写了一篇毕业论文，当论文提交到当代著名的心理学家威尔·布雷登教授的手中时，布雷登教授大为惊喜。他认为这是一个崭新的发现，虽然这一现象在世界各地都是普遍存在的，但是并没有任何一个人将它大胆地提出来，并作为研究报告。高兴之余，他写信给当时的韩国总统朴正熙："我不敢说这部著作对你有多大的帮助，但是我敢肯定它一定比你的任何一个政令都能够产生震动！"

后来这本书果然鼓舞了一代人，并对韩国经济的腾飞起到了促进作用。因为它从一个全新的角度告诉人们成功不是你想象的那么困难，只要你对某件事情感兴趣，并且能够长期坚持下去，就会获得成功，因为上帝赋予你的时间、智慧和精力足够你完成这件事情。

举一反三

人世间的每一件事情，只要你想去做，并且肯做，就一定能做到，一切困难都能克服，根本用不着所谓的什么意志，更用不着什么技巧或者谋略，因为这些能力，老天都已经赋予你了。

成功没有你想象的那么难，不要被别人成功的经历给吓倒，这只是那些成功人士的装饰品，年轻人只要肯努力、肯奋斗，你离成功只有一步之遥。

其实每个人的成功都是要付出努力的，但是如果一个人很认真地朝自己的理想前进时，这个过程本身就是一种享受，就像我们从小学到中学再到大学，甚至更高的学府。这个过程需要二十几年，看似艰辛。事实上也并不是很难，只要你坚持着，一步一个脚印地过来，你会发现一切都是那么顺其自然和理所当

然。在这个过程中每个人都享受到了快乐。成功并不是要过火焰山，只要你对一件事情敢想敢做、敢坚持，那么，等待你的就一定是成功。

妙语点睛

◎胜利，往往存在于再坚持一下的努力之中。似乎命运总在考验我们，在成功前设立一些沟沟坎坎，能坚持迈过去的人就是最后的成功者。

◎既然我已经踏上这条道路，那么，任何东西都不应妨碍我沿着这条路走下去。

◎任凭怎样脆弱的人，只要把全部的精力倾注在唯一的目的上，必能有所成就。

◎成功并不像你想象的那么难：并不是因为事情难，我们不敢做，而是因为我们不敢做，事情才难的。

磨刀不误砍柴工

经典案例

在东北大兴安岭有个伐木队，有一个伐木工人身体非常强壮，而且勤劳工作，每天工作10个小时以上，可是慢慢地，他发现自己砍树的数目越来越少。

有一天，队长看到他满脸愁容，便关切地问："你怎么愁眉苦脸呢？"

工人回答："我对自己失去信心了，我以前每天伐木十几棵，现在只能伐几棵，我没有偷懒，还延长了工作时间，我不明白这是为什么？"

队长看了看他，又看了看他手中的斧子，心有所悟地说："这是你每天伐木的斧子吗？"

"是啊！这是我每天伐木不离手的工具！"工人很认真地

回答。

队长又问："你有没有把它磨得锋利后再去伐木？"

工人回答："我每天抓紧时间伐木，哪有时间去磨这把斧头呢？"

队长向他解释："这就是你每天伐木数量减少的原因，你没有把斧头磨得锋利，怎么能提高工作效率呢？！"

举一反三

磨刀不误砍柴工，这是一句再常见不过的俗语了。工欲善其事，必先利其器。很多时候，我们总是像这个伐木工人一样，因为过于沉溺于一个活动之中而忘了应该采取必要的步骤，使工作更简单、快速。每个人都应该时常充实自己，改善自己的"工具"，这样才能收到事半功倍的效果。

妙语点睛

◎要做好工作，先要使工具锋利。做好一件事情，准备工作很重要。

◎准备工作做好了，可以事半功倍。做任何事情要先打好基础，这样才有收获。

只有坚持才能成功

经典案例

在美国的一家报纸上刊登了这样一则启事：某园艺馆愿意花重金征求纯白色的金盏花。这则启事，在当时曾引起了一阵不小的轰动，重金的诱惑让很多人趋之若鹜。当时，金盏花除了金色的就是棕色的，要培育出白色的金盏花，并不是一件容易的事情。在人们一阵热血沸腾地培育之后，许多人都将这件事情抛到九霄云外去了。

日月如梭，一晃20年过去了，这一天，这家园艺馆居然收到了一封热情洋溢的应征信和一枚纯白色的金盏花种子。这个消息在当地又一次引起了轩然大波。

来信者是一个十分爱花的古稀老人，20年前他看到那则启事，不禁怦然心动。他不顾儿女们的反对，毅然决然地干了下

去。第一年，他选择一些普通的金盏花种子，精心栽培，等这些花开花谢，他从中选择一朵颜色最淡的，让它自然枯萎，以便得到最好的种子。第二年，他将得到的种子种下去，再从中选出颜色更淡的金盏花的种子，如此这般循环下去，直到20年后的今天，他终于培育出一朵银白如雪的金盏花了。

这是一个连专家都没能解决的问题，却在一个根本不懂遗传基因的老人手中得到了答案。

举一反三

当年，那曾经是多么普通的一粒种子啊，加上老人的心血，而如今却已经是十分罕见的白色金盏花种子了，与当年的普通种子自然不可同日而语了。

天下的任何事情，只要你感兴趣，并能够长久地坚持下去，就一定能获得成功。坚持是一种太优秀的品质了，很多人不能做到。坚持说出来似乎挺容易的，但是当人们遇到困难的时候，又有多少人能真正地坚持住呢？如果你坚持住了，那么时间就会给你答案，成功就在眼前！

这世界上，不仅成功不像我们想象的那么难，许许多多的事情都是这样的，看似十分困难，其实不然。只是如果连尝试的勇气都没有，连坚持的自信都没有，那么上天也不会给你成功的希望。

妙语点睛

◎天下事有难易乎？为之，则难者亦易矣；不为，则易者亦难矣。人之为学有难易乎？学之，则难者亦易矣；不学，则易者亦难矣。

◎只要你对某一事业感兴趣，长久地坚持下去，就会成功。

◎没有比脚更长的路，没有比人更高的山。在我们的心中总觉得路途遥远，其实我们应该知道——脚比路长。

细节决定成败

经典案例

洛伦兹曾经在华盛顿的一次演讲中提出：一只蝴蝶在巴西扇动翅膀，有可能造成美国德克萨斯州的一场龙卷风。他的演讲和结论给所有人都留下了极其深刻的印象。自此以后，"蝴蝶效应"的理论就不胫而走。

"蝴蝶效应"之所以令人着迷、令人激动、发人深省，不仅仅在于其大胆的想象力和迷人的美学色彩，更在于其深刻的科学内涵和内在的哲学魅力。

举一反三

从科学的角度来看，"蝴蝶效应"反映了混沌运动学的一个重要特征：系统的长期行为对初始条件的敏感依赖性。

经典动力学的传统观点这样认为，系统的长期行为对初始条件是不敏感的，即初始条件的微小变化对未来状态所造成的差别也是很微小的。

混沌运动学理论却向传统的观点提出了挑战。混沌运动学理论认为，在混沌系统中，初始条件的十分微小的变化经过不断放大，对其未来状态会造成极其巨大的差别。

关于混沌运动学的理论，我们可以用在西方流传的一首民谣进行形象的说明。这首民谣说：

丢失一个钉子，坏了一只蹄铁。

坏了一只蹄铁，折了一匹战马。

折了一匹战马，伤了一位骑士。

伤了一位骑士，输了一场战斗。

输了一场战斗，亡了一个帝国。

马蹄铁上一个钉子是否会丢失，本是初始条件的十分微小的变化，但其"长期"效应却是一个帝国存与亡的根本差别。这就是军事和政治领域中的"蝴蝶效应"。

似乎有些不可思议，但是，微小的变化确实能够造成巨大的后果。一个出色的领导人，一定要防微杜渐，看似一些极其微小的事情，却有可能造成集体内部的分崩离析，造成一个强大集团的土崩瓦解，到那时后悔都来不及了。

身处社会中的每个人，无论你做什么事情，细节，往往是成就一个人最重要的东西之一。无论做什么事情，如果常常忽略细节，总以为这是一些小问题，久而久之，小事就变成了大事。

注重细节，就要从小事做起。一个看不到细节的人，一个不

把细节当回事的人，就会对工作缺乏最起码的认真态度，做任何事情，只能是敷衍了事。而一个注重细节的人，他不仅能够认真地对待工作，将细小的事做细，并且能在这个做细的过程中寻找机会，从而使自己更加成功。

要知道，在工作中根本没有小事。只有认真对待每一件事情，才能克服万难，获得成功。

我们必须相信自己，正视开端。任何大的成功，都是从小事一点一滴累积而来的。没有做不到的事，只有不肯做的人。想想你曾经历过的失败，当时的你，真的用尽全力，试过各种办法了吗？困难不会是成功的障碍，只有你自己，才可能是最大的绊脚石。

只有实干，才能脱颖而出。那些充满乐观精神、积极向上的人，总有一股使不完的劲儿，神情专注，心情愉快，并且主动找事做，在实干中实现自己的理想。

身处职场上的年轻人，要懂得不为薪水而工作——想要获得成功，实现人生目标，就不要为薪水而工作。当一个人积极进取、尽心尽力时，他就能实现更高的人生价值。

我们要想征服世界，就得先战胜自己。要想成功，就要战胜自己，培养自己控制命运的能力。

我们对待小事，也要倾注全部热情。倾注全部热情对待每件小事，不去计较它是多么"微不足道"，你就会发现，原来每天平凡的生活竟是如此充实、美好。

妙语点睛

◎中国人不缺勤劳，不缺智慧，我们最缺的是把握细节的精神。

◎把每一件简单的事做好就是不简单，把每一件平凡的事做好就是不平凡。

◎简单的招式练到极致就是绝招。

◎细节，往往是成就一个人素质的最重要的东西。

积极主动工作

经典案例

小张和小李差不多是同一时间受雇于一家大型超级市场，开始的时候，大家的收入水平是一样的，都是从最底层开始干起。可是，没多久小张就开始受到总经理的青睐，一再地被提升，直到升为部门经理。

而小李却像被人遗忘了一样，还是在最底层工作。终于，小李觉得忍无可忍了，向总经理提出辞职，并且痛斥总经理对人不公平。总经理没有多说，十分耐心地听着，他知道这个小伙子工作上积极，也肯吃苦，但是，总觉得缺了点儿什么，缺什么呢？

他忽然有了个主意。"小李，你到市场上去看看，看今天有什么卖的。"小李很奇怪，还是去了市场，小李很快从市场回来了，说："刚才市场上只有一个农民拉了一车土豆卖。"

总经理问："那一车大约有多少袋，多少斤？"

小李又跑去，回来说："有10袋。"

"价格多少？"小李再次跑到集上。

总经理看着跑得气喘吁吁的小李说："你休息一下，你看看小张是怎么做的。"

说完叫来小张对他说："小张，你马上到市场上去，看看今天有什么卖的。"

小张很快从市场上回来了，汇报说："到现在为止，只有一个农民在卖土豆，有10袋，价格适中，质量很好，我带回几个让您看看。这个农民一会儿还将弄几筐西红柿上市，据我分析价格还算公道，可以进一些货。这种价格的西红柿我想总经理可能会要，所以我不仅带回了几个西红柿作为样品，而且把那个农民也带来了，他现在正在外面等回话呢。"

总经理看了一眼红了脸的小李，说："请他进来。"

小张由于比小李多想了几步，于是在工作上取得了成功。

举一反三

人与人之间的差距，很多时候体现在思想方法上，虽然刚开始的时候只有那么一点点的差距，但是时间长了，经过日积月累差距就会明显加大。因此，当发现差距的时候，一定要及时总结，方能迎头赶上。

一个人要想成功，就需要善于观察、学习、思考和总结，不能仅仅靠一味地蛮干、苦干。埋头拉车而不抬头看路的人，结果常常是在原地踏步，明天做的事情，依然是重复昨天和今天的故

事，人生也不会有任何变化。

　　成功并没有那么多明显的规则，成功需要很高的悟性和观察力，面对差距，要及时调整心态，增强独立思考和随机应变的能力。

　　因为态度不同，即使是同样的工作，不同的人也会有不同的效果；而干同样工作的人，因为心态不同，也会有不尽相同的体验与收获。做事的时候，多动些脑筋，多用些智慧，就会少跑些冤枉路。如果每个人都能做到这些，还用愁在自己的职位上坐不稳吗？

　　如果你想在自己的工作职位上长期、稳定地坐下去，应该做到以下两点：

　　第一，永远保持积极主动的精神。如果看到了自己应该去做的工作，不要等老板交代再去做，即使你面对的是一个毫无挑战性且你认为没有丝毫乐趣的工作，你也要勇往直前。

　　另外，当你接下了老板交代的工作后，你应该做得更加出色，这样你不仅不用担心自己的职位不保，而且还会得到老板的赏识。

　　第二，主动为自己的所作所为承担责任。那些居高位、负重任的人，都能勇于为自己的行为承担责任，从而得到他人的认可和信任，这样的人往往能够功成名就。

　　有些人一生都碌碌无为，他们常常是没有主动性的人。他们从不会自觉地去做自己该做的事，有时甚至老板把事情交代下来后，他们也不会立刻行动起来。他们在私底下常常会用一种颓废的口吻说："过一天算一天吧。""对付着混口饭吃就行了。""只要不丢饭碗就可以了。"这种人，遇到什么事都会抱着漫不经心的态度，他们似乎宁愿一辈子待在山谷里，也不愿意花点儿力气爬上峰顶，看看大千世界里的美好风景。能够促使一个人积极主动工作的关键因素是进取心。

进取心是很神奇的，它能够驱使一个人在不被人监督和敦促的情况下主动去做自己该做的事。进取心强的员工在工作时，不会有压迫感，而是能够体会到工作的乐趣。这时候，工作对他来说就不再单纯是一份工作了，而是一种其乐无穷的游戏。

这个世界上有四种人：

第一种人能够主动做自己该做的事。

第二种人是在有人告诉他该怎样做之后，他就立刻去做。

第三种人是只有当别人在他的屁股上踢上一脚的时候，他才会去做自己该做的事，这样的人大半辈子都在辛苦劳作，却总抱怨自己命运不济。

第四种人是最可悲的一种人。他们从来不会主动去做自己该做的事情，就算有人手把手地教他怎么做，他也不会去做。这样的人，总是把自己推向失业的悬崖。

上面所说的第四种人，就是缺乏进取心的人。他们常常把"等我有空的时候再说吧"当作口头禅，但什么时候是"有空儿的时候"呢？

这句话不过是借口。为自己找这类借口的人，都不能积极主动地去工作，而且就算他真的"有空儿"了，也许是拖得不能再拖了的时候，他也不一定能去完成他早就应该完成的工作。他也许会证明那项工作没有必要去做、没有能力去做或已

经来不及做了。

如果想让自己成为一个有进取心的人，就必须先克服做事拖拉、懒散的恶习，养成立即行动的好习惯。永远不要把今天的事情留到明天或万事俱备后才去做，那样你只能永远等待下去了。要知道，像"明天""下星期""将来"之类的词跟"永远不可能"有相同的意义。

每个老板都喜欢积极主动的员工，每个职场中人也愿意与积极主动的人共事。从现在开始，你应该做到不必老板交代就能尽到自己应尽的职责，这样你不但会得到老板的赏识，还会在同事中获得良好的口碑。

妙语点睛

◎积极主动不仅是一种行为美德，也是一个人在工作中应该持有的态度。

◎如果一个人能抱着积极主动的态度做事，那么他无论从事什么工作，都会得到领导和同事的喜欢。

◎每个老板都喜欢积极主动的员工，每个职场中人也愿意与积极主动的人共事。

困难面前不低头

经典案例

　　一场大雨之后，天上出现了彩虹，一只蜘蛛艰难地向墙头那张已经被大雨打得支离破碎的网爬去。大雨刚过，墙壁湿滑，它每爬几步就会掉下来，然后它又一次次地掉下来，又一次次地向上爬……

　　甲看到了，叹息道："我这一辈子不就和这只蜘蛛一样吗？碌碌无为！"于是，他开始终日消沉。

　　乙看到了，说："这只蜘蛛真愚蠢，为什么不从旁边干燥的地方爬上去呢？我以后可不能像它那么愚蠢！"于是，乙变得聪明起来。

　　丙看到了，说："这只蜘蛛真顽强，它屡败屡战的精神真让我感动！"于是，丙变得坚强起来。

举一反三

有韧性的人更加容易成功，有韧性的人生会更加精彩。一个人是否能够成功，不是看这个人有多么能干，多么聪明，而是看他是否能够始终不怕困难，始终能够不会被挫折打倒，是否能够一次次在被打倒的地方重新站起来。如果一个人具备了坚韧的品质，可以肯定，他的人生一定会成功，无论事业还是家庭，这样的人永远不会被生活淘汰，永远会得到别人的尊重，更重要的是，他永远都会自己看得起自己。

韧性是指能够坚持不懈地做某件事。说起来很容易，但是做起来却很难。人们一直都是做能够很快看到结果的事情。人们对于那些可以很快看到结果或者效果的事情，就会很容易坚持下去。

但是，人生应该自己负责，应该勾勒自己的蓝图。并且对于真正有价值的事情，不能具体勾勒出前景的还很多。因此，应该怀揣着梦醒和目标，找到符合自身价值的目标，有韧性地坚持下去。

韧性是成功与失败之间的一把尺子。有韧性不能保证一定会获得成功，但是有韧性的人一定会获得尊敬。找到一件值得你去做的事，用铁杵磨成针的意志去执行。

妙语点睛

◎有成功心态者处处都能发觉成功的力量。

◎韧性是与生俱来的，也是在后天的磨砺中更加坚固起来

的。韧性，是在遭到困难时激励你坚持到底的动力；韧性，是在灰心丧气时鼓励你坚强起来的支柱；韧性，是在恐惧时支持你勇敢面对，做出正确选择的明灯。

◎韧性——在生活中应对变化和挑战的能力，是健康、高效生活的关键。

保持积极向上的心态

经典案例

在一次战斗中，拿破仑遭遇了顽强的抵抗，将士伤亡惨重，形势非常严峻。这时，拿破仑一个不小心掉进泥潭，被弄得满身是泥，狼狈不堪。但是拿破仑全然不顾这一切，而是站起身来，大吼一声："冲啊！"因为他内心只有一个信念，那就是无论如何都要打赢这场战斗。

他的手下看到这个情景，都被他那股冲劲儿所感染，将士们斗志激昂，奋勇当先，最终取得了战斗的胜利。

举一反三

无论在任何危急的情况下，都要保持积极向上的心态。尤其是作为一个领导者，你的自信，可以感染到每个你接触到的人。

自信的态度也将直接影响到你要办的事情成功与否。一个领导者不只是要告诉别人怎么干，而且要激发整个团队，让团队产生一定的斗志，并朝着目标勇往直前。

同样是生活在这个世界上，为什么有的人富有、成功，有的人却穷困、失败？

有人说这取决于个人能力。为什么有的人能力强，有的人能力差呢？科学表明，人的天赋所存在差异是很小的，我们没有理由把责任归于人的天赋。

有人说这取决于知识水平。为什么有的人有知识，有的人没有呢？学习的机会对每个人来说都是平等的，而且知识因素也不是决定人成功的最关键因素。如果一个人比另一个人要成功100倍，能说明他的知识水平是另一个人的100倍吗？当然不能！

有人说这取决于社会环境。那么为什么在同样的环境下，也会有人成功，有人失败呢？为什么在同一所学校、同一位老师教导出来的学生，也会有的人成功，有的人失败呢？

如果这一切都不是，那么究竟是什么导致了人与人之间的差异呢？成功有没有什么规律可循呢？

答案当然是肯定的。成功学研究表明，但凡成功者都遵循共同的规律，无论是科学家爱因斯坦，还是发明家爱迪生，他们都遵循同样的成功之道。

成功源于强烈的欲望。成功最初可能仅仅是一个想法而已，连最初的想法都不存在，又谈何成功呢？

成功者总是有一个宏伟的愿景，敢于要那些平常人看起来不可能获得的东西。爱迪生希望给这个世界带来光明，于是有了电

灯。这对当时的人来说，就是天方夜谭。当月收入只有几百元的你希望能成为亿万富翁的时候，你周围的人会对你报以冷笑，但今天的亿万富翁们起初也和你我一样身无分文，为什么他们能，我们却不能？

成功者敢于想，失败者不敢。迈向成功的第一步就需要想，需要欲望，需要树立一个宏愿："我要成功！"这是迈向成功的起点，无数人之所以平庸、落魄，就是因为没有这个成功的起点。

真正的成功者必须抱着"我要！我一定要"的欲望，这是生命的内在动力，也是迈向成功最根本的原动力。

这个世界上的很多人之所以不能成功，是因为没有真正地想要过。有些人虽然不断地想要，但并非一定想要得到，所以一遇到困难就开始退缩。

当一个保育员拿着一瓶牛奶走进一个婴儿房，她会把奶瓶塞进谁的嘴里？通常她会塞进哭得最凶的孩子嘴里，因为孩子用自己的哭声表达了自己的欲望。

你必须要，一定要！全力以赴地要！否则，你只有挑别人剩下的。不想要，想要而不够强烈，是人们不能成功的重要原因。而一旦要，你生命的能量就会爆发。

如果有人问，成功的原动力是什么？那么，请你回答：第一是欲望，第二是欲望，第三还是欲望。

妙语点睛

◎成功者敢于想，失败者不敢，迈向成功的第一步就需要想，需要欲望，需要树立一个宏愿："我要成功！"这是迈向成功的起点，无数人之所以平庸、落魄，就是因为这个起点不存在。

◎真正的成功者必须抱着"我要成功，我一定要成功"的欲望，要有"我一定要"的决心，这是生命的内在动力，也是迈向成功的原动力。

◎成功需要有"我一定要"这种志在必得的欲望，这需要坚定的信念和顽强的毅力。

比别人多坚持一些

从前，有两个和尚住在相邻的两座山上，在这两座山之间有一条小溪，两个和尚每天都会在同一时间去溪边挑水，久而久之他们就熟悉了。不知不觉中，五年过去了，突然有一天，右面山上的和尚没有来挑水，左面山上的和尚想，肯定是睡过头了，便没有在意。没想到第二天、第三天右面山上的和尚还是没有来挑水，直到一个月过去了，左面山上的和尚觉得非常奇怪，想着可能是这位朋友病了，于是打算过去看看有什么需要帮忙的。他爬上了右面的山，去探望老朋友。

没想到等他到右面的山上时，他发现右面山上的和尚正在打太极拳，一点儿也不像是有一个月没喝水的人，他很奇怪地问："你一个月没有下山挑水了，难道你不喝水吗？"

右面山上的和尚笑着说："来，我带你去看样东西！"于是，他们来到一口井旁，右面山上的和尚说："这五年来，我每天念完经后就会抽出时间来挖这口井，即使有时候很忙，我也坚持挖，直到一个月前，终于被我挖出水了，我就不用下山挑水了，可以有更多的时间来练太极了！"

举一反三

我们在学校里学到的东西再多，也都是在挑水。利用业余时间为自己挖一口属于自己的"井"，将来说不定什么时候就能用上，到时候你的能力比别人强，你就能悠然自得地喝水了。

其实要挖一口属于自己的井，就是每天比别人多做一些，多坚持一些。说起来挺容易，但是做起来并不是那么容易。在美国华盛顿山的一块岩石上，立有一个标牌，这里是一个女性登山者死去的地方。她当时正在寻觅登山小屋，而小屋距她倒下的地方只有100步而已，如果她能多撑100步，她就能活下去。

一个成功者，往往只是比别人多坚持一分钟。因此，当我们身处绝境时，要对自己说："再坚持一下！再坚持一下！"

妙语点睛

◎一个成功的推销员用一句话总结了他的经验："你想要比别人优秀，就必须坚持每天比别人多访问 5 个客户。""比别人多做一点儿"，是一种坚持，是一种执着。这也是事业成功者高于平庸者的秘诀。

◎在工作中，要比别人"看得更远一点儿、做得更多一点

儿、动力更足一点儿、速度更快一点儿、坚持的时间更久一点儿"。它体现的是一种勤奋、主动的精神，一种坚忍不拔、永不放弃的意志，一种行动迅速、做事准确的能力。

◎ "比别人多做一点儿"是无数卓越人士和组织极力秉承的理念和价值观，被许多著名企业奉为圭臬。

在忘我中实现最大"自我"

经典案例

在瑞典，一个富人家生了一个女孩儿。不久，女孩儿染上了一种无法医治的瘫痪症，这使得女孩儿完全丧失了行走的能力。

一次，女孩儿和家人一起乘船去旅行。船长的太太给女孩儿讲船长养了一只天堂鸟，十分美丽可爱。女孩儿完全被船长太太的描述给迷住了，想亲眼看看。于是保姆去找船长，把女孩儿独自留在甲板上，女孩儿耐不住等待，便要求服务生立即带她去看天堂鸟。那服务生并不知道女孩儿的腿不能走路，而只顾带着她走。没想到奇迹发生了，女孩儿因为过度地渴望，竟拉住了服务生的手，慢慢地走了起来。从此，女孩儿的病便痊愈了。

女孩儿长大以后，十分热爱写作，又忘我地投入到文学创作中，最后，成为第一位获得诺贝尔文学奖的女性，她就是茜尔

玛·拉格萝芙。

举一反三

忘我的人最终将得到极大的"自我"，不懂得忘我的人，最终将失去自我。这种忘我精神的具体表现就是真心实意地去付出，而付出的本质就是服务。"为人民服务"不是一句空话，而是一条成功的定律。一个上班族为什么很难成功，是因为他只服务于一个人，那就是他的老板。可是老板为什么会更容易成功，是因为他服务的人数更多，他服务于社会。作为一个领导者，一定要用忘我的心态去服务别人，一定要把自己定位于团队的服务者，当你真诚地帮助团队成员获得成功时，就是成功到来的时刻，也是在忘我中实现最大"自我"的时刻。

妙语点睛

◎忘我是走向成功的一条捷径。只有在这种环境下，人才会超越自身的束缚，释放出最大的能量。

◎不要把自己当作老鼠，否则肯定会被猫吃掉。

◎作为一个领导者，一定要有忘我的心态，把自己定位于团队的服务者，当你真诚地帮助团队成员获得成功时，就是你成功到来的时刻。

不为失败寻找借口

经典案例

有个得了麻风病的人，病了40年，他一直躺在路旁，在他躺的不远处，有一个神奇的水池。这个水池里面的水可以治愈所有的疾病。病人在路边躺了40年，他一直等待有人可以帮他到那个神奇的水池边。然而40年过去了，他没有向水池迈近半步。

有一天，天神碰见了他，问道："你要不要医治？想不想解除病魔？"

病人说："当然想，可是没有一个人是善良的，他们都只顾自己，没有人来帮助我。"

天神听了，又问他："你要不要被医治？"

"要！当然要！但是，等我爬过去时，水都干涸了。"

天神听了，有点儿生气，再问他："你到底要不要被医

治？"

他还是说："要！"

天神说："好，那你现在就站起来，自己走到水池边去，不要老是找理由为自己辩解。"

病人听了，深感羞愧，立即站起身来，向水池走去，用手捧着神水喝了几口。刹那间，那纠缠了他40年的麻风病就好了。

举一反三

理想是每个人都有的，成功是每个人都想要的。但如果今天你的理想尚未达成，成功也遥不可及，你是否曾经问过自己："我为自己的理想付出了多少努力？我是不是经常找一大堆借口为自己的失败狡辩？"其实，我们不应该为失败找借口，而应该为达到目标寻找各种方法。只要努力去寻找，命运之神一定会垂青于你。

生活中，你也许碰到过这样的问题，原本计划在未来的一年里每天背5个英文单词，希望一年后就可以看一些英文读物。但是在此后的每一天都会有各种各样的事情阻碍你的计划实现，逐渐地你懈怠了、放弃了，后来即便整天无所事事也不愿拿起书来，一年之后自然是一事无成。这时你仍可以说自己工作太忙了，等等，可以随便找一个借口让自己心安理得。因此，注定了你一事无成。

没有谁一生下来就懂很多知识，都是自己后天学习所得，既然这样，别人能够得到，我们为什么就得不到呢？俗话说："一分耕耘一分收获。""种瓜得瓜，种豆得豆。"我不会，我不懂，我不行，就是因为我没有努力地为自己耕种。

有很多事情，别人能做好，在看别人做的时候感觉挺简单的，可是一到自己去做的时候总觉得很困难，当困难达到一定程度时，很多人都会做出自己认为正确的错误选择——放弃。在我们把某件事情放弃之后，如果有人问"你某件事情做得怎么样了"的时候，我们总会找这样或那样的借口，因为只有这样我们才会感到好受些。心里好像没那么沉重，其实这样的做法和想法本身就是错误的，因为我们自己都知道那样做是错误的，可是自己还是那样做了，为了给自己以心灵上的安慰，所以就找这样或那样的借口来说服自己，好让自己在心灵的表面认为我这样做是"对的"。

失败之后我们应该好好总结。然而许多人把宝贵的时间和精力放在如何寻找一个合适的借口上，而忘记了自己的职责。殊不知，一个个借口使多少成功化为泡影。相反，如果在遇到问题时不去寻找借口，生活将会是另外一番景象。

不找借口，遇到困难时就不会挖空心思，也不会编织花言巧语为自己开脱，而是义无反顾、积极主动地去面对。那样，我们将永远充满热情，也就会离成功越来越近。

妙语点睛

◎成功的人永远在寻找方法，失败的人永远在寻找借口，当你不再为自己的失败寻找借口的时候，你离成功就不远了。

◎只要思想不滑坡，办法总比困难多。

◎生活中，每一个人都盼望取得成功，但并非每个人都能如愿以偿。在困难重重时，在浮躁不安时，在失意彷徨时，在消极等待时，我们需要重新感悟和审视自己，明确目标，拒绝借口，获取成功。

端正态度＝迎接一切

经典案例

罗伯特博士在哈佛大学主持一项为期六个星期的老鼠通过迷阵吃干酪的实验。实验的对象是三组实验员和三组老鼠。

他对第一组实验员说："你们将跟一群愚笨的老鼠在一起。这群老鼠笨极了，如果它们能通过迷阵到达终点，那是意外，所以你们根本不用准备干酪。"

他对第二组实验员说："你们将和一群普通的老鼠在一起。这群老鼠不太聪明，也不太愚笨，它们最后还是会通过迷阵抵达终点，然后吃掉一些干酪，只是因为它们的智力平平，所以不要对它们期望太高。"

他对第三组实验员说："你们太幸运了，因为你们将跟一群天才老鼠在一起。这种老鼠非常聪明，它们将迅速通过迷阵抵达

终点，然后吃许多干酪，所以你们必须多买一些干酪放在终点喂它们。"

六个星期后，实验结果出来了。天才老鼠迅速通过迷阵，很快就抵达终点；普通老鼠也到达终点，不过速度很慢；至于愚笨的老鼠，只有一只通过迷阵，找到终点。

有趣的是，在这项实验中，根本没有所谓的天才老鼠与愚笨老鼠，它们通通都是一窝普通的老鼠。

举一反三

实验员当然不懂老鼠的语言，然而老鼠却知道实验员对它们的态度。这项实验证明了态度的神奇力量。既然态度能产生神奇的力量，那么我们应当对人生、学习、工作采取什么样的态度呢？你的态度决定了你的成败。用心去体验吧，然后端正态度，迎接一切。

有一个古老的传说，是关于猎狗和兔子的。猎狗经常夸口说，自己奔跑速度比任何猎物都快。

有一天，猎狗和主人一起去打猎，主人见不远处有一只野兔，为了考验猎狗，就命令它去追那只野兔。经过半小时的追逐，猎狗无功而返，主人对它的表现十分不满。

猎狗自辩说："主人，你要了解，刚才我追那只野兔，只是抱着玩耍的心态，而野兔却以逃命的心态逃跑，追不到它，也不太奇怪吧。"

在工作中，许多时候态度决定成败，并非能力，而是心态决定成就的大小。全心全意，全力以赴，潜能才可尽显。

妙语点睛

◎失败不是因为我们不具备实力，而是我们易被环境左右，惯于附和，缺乏主见，态度不正确，容易沮丧。

◎你的心态就是你真正的主人。

◎你改变不了环境，但可以改变自己；你改变不了事实，但可以改变态度；你改变不了过去，但可以改变现在；你不能控制他人，但可以掌握自己；你不能事事顺利，但可以事事尽心；你不能左右天气，但可以改变心情；你不能选择容貌，但可以展现笑容。

成功者不放弃

经典案例

丘吉尔一生最精彩的演讲，也是他最后的一次演讲。在剑桥大学的一次毕业典礼上，整个会堂有上万个学生，他们正在等候丘吉尔的出现。正在这时，丘吉尔在他的随从陪同下走进了会场并慢慢地走向讲台。他脱下他的大衣交给随从，然后摘下了帽子，默默地注视所有的听众，过了一分钟后，丘吉尔说了一句话："Never give up！"（永不放弃）丘吉尔说完后穿上大衣，带上帽子离开了会场。这时，整个会场鸦雀无声，一分钟后，掌声雷动。

永不放弃！永不放弃有两个原则，第一个原则是永不放弃，第二原则是当你想放弃时回头看第一个原则：永不放弃！

举一反三

成功者与失败者并没有多大的区别，只不过是失败者走了99步，而成功者走了100步。失败者跌下去的次数比成功者多一次，成功者站起来的次数比失败者多一次。当你走了1000步时，也有可能遭到失败，但成功往往躲在拐角后面，除非你拐了弯，否则你永远不可能成功。在现实工作之中，往往有许多推销员对失败的结论下得太早，当遇到一点点挫折时就对自己的工作产生怀疑，甚至半途而废，那么前面的努力就白费了。唯有经得起风雨及种种考验的人才是最后的胜利者。因此，如果不到最后关头就决不言放弃，永远相信：成功者不放弃，放弃者不成功！

妙语点睛

◎每天都积极地投入到你的工作和事业中，不在无聊的事情上浪费精力，杂念就会越来越少，心态自然就会越来越好。

◎凡事往好处想，放开一些，让自己的心态进入良性循环。

◎一个人的心态和成就，取决于他所看过的书和见过的人。

付出就会有收获

"斧头虽小，但多劈几次，就能将坚硬的树木伐倒。"阿拉斯加的金矿大王约翰逊接受记者采访时，说出这句莎士比亚的名言。

"请问你致富的秘诀是什么？"记者问。

"我想，是一种运气吧！"

"运气？"记者疑惑着。

约翰逊笑着说："记得当时，我无意间在荒废的矿区发现一把生锈的十字镐插在泥土中。我只是用力把十字镐摇动几下，然后拔起，没想到十字镐下有许多金矿，因此发现了矿床。"

约翰逊强调说："假如上一个十字镐的主人，能够再稍微坚持一下，挥动一下十字镐，那么如今的金矿大王或许就是这个人了。"

举一反三

有时，成功就在我们眼前，却被我们忽略，以致最终失败。把握眼前，坚持做好每件事，那么成功会离我们越来越近。

从前，在一个偏僻的村庄里，住着一个穷人，他只有很小的一块田地。有一年，他的收成很不好，最后只剩下一小袋种子了。当那块地到了可以耕种的时候，天刚一亮，他就从床上爬起来，来到田里开始播种。

他十分小心，生怕遗失了一粒种子。到了正午时分，太阳灼烤着他，他感到很疲乏，便停下来在树旁休息。当他坐下的时候，一把种子从袋子里撒出来，掉进树干下的一个树洞里。虽然只是一点儿种子，但是这个贫苦的人还是想："种子本来就很少，对我来说，每一粒种子都是宝贵的，丢失了都是损失。"

想到这里，他就拿着铲子，开始挖这株树的树根。天气很热，汗水沿着他的背和眉毛滴下来，但他还是不停地挖。当他终于挖到种子时，他发现它们掉在了一个盒子上面，而那个盒子里装着黄金。

从此以后，这个穷人成了一个富有的人，人们对他说："你真是世界上最幸运的人。

他笑着说："不错，我是很幸运，但这些都源于我辛勤劳作和对种子的珍惜。"

付出就会有收获，那些不畏困难、辛勤工作的人往往能够超越平庸，获得丰厚的报酬。

妙语点睛

◎一分耕耘一分收获。

◎人的付出与收获不一定能成正比。你一生中并不是付出越多就会收获越多，这里其实有机会和运气的存在。

◎宇宙是圆的，想得到爱，先付出爱，要得到快乐，先献出快乐，你播种终会有收获。只问耕耘不问收获的人，没有什么事情做不成，也没有什么地方到不了。

培养自己的影响力

经典案例

王阿炳是地道的农民，从来没有出过远门。他打算用他攒了半辈子的钱，出国旅游，于是他参加一个旅游团出国了。

国外的一切对他来说都是非常新鲜的，王阿炳参加的是豪华团，一个人住一个标准间，这让他新奇不已。早晨，服务生来敲门送早餐时大声说道："Good moring,sir!"

王阿炳愣住了。他不懂英语，不知道这是什么意思。他想，在自己的家乡，一般陌生的人见面都会问："您贵姓？"于是王阿炳大声叫道："我叫王阿炳！"

如是这般，连着三天，都是那个服务生来敲门，每天都大声说："Good moring, sir!"而王阿炳亦大声回道："我叫王阿炳！"

但他非常生气。这个服务生也太笨了，天天问自己叫什

么，告诉他又记不住，很烦的。终于他忍不住去问导游"Good moring，sir！"是什么意思，导游告诉了他，是"早上好"的意思。天啊！王阿炳觉得真是太丢脸了。

王阿炳反复练习"Good moring，sir！"以便能体面地应对服务生。一天早晨，服务生照常来敲门，门一开王阿炳就大声叫道："Good moring sir！"

与此同时，服务生说道："我是王阿炳！"

举一反三

这个故事看上去像个笑话，事实上蕴含着管理学的道理，它告诉我们，人与人交往，常常是意志力与意志力的较量。不是你影响他，就是他影响你，而我们要想成功，一定要培养自己的影响力，只有影响力大的人才可以成为最强者。

作为领导者，必须建立自己的权威，树立自己的威严与影响力，并适当注意自己的身份。在公共场合讲话，譬如面对许多员工演讲、做报告时，要威严有力，震慑力十足。当与下属谈话时，说话要有分量，一是一，二是二，坚决果断，切忌被下属左右，更不要让人混淆谁是领导、谁是员工。

当然，领导者在平时要注意自己的言行举止，因为你的一举一动，都将影响到你的团队，所谓"上行下效"，谨防"上梁不正下梁歪"！

妙语点睛

◎管理阶层的领导能力是刺激员工努力工作的原动力。

◎这个世界，很多时候不是你执着地改变别人，就是别人执着地改变你。个人影响力是成功必需的要素，成功者一般具有强大影响力，具有强大影响力的人通常也会是成功者，二者是相辅相成的。

◎保持良好的心态，是影响力的催化剂。好心态直接决定了一个人的影响力，具有良好心态的人也是一个乐观的人，能够有效影响周围的人，并感染和调动他人的积极情绪，从而成就自己。

天生我材必有用

经典案例

在动物园里的小骆驼问妈妈："妈妈，妈妈，为什么我们的睫毛那么长？"

骆驼妈妈说："当风沙来的时候，长长的睫毛可以让我们在风沙中能看清方向。"

小骆驼又问："妈妈，妈妈，为什么我们的背那么驼，丑死了！"

骆驼妈妈说："这个叫驼峰，可以帮我们储存大量的水和养分，让我们能在沙漠里忍受十几天的无水无食条件。"

小骆驼又问："妈妈，妈妈，为什么我们的脚掌那么厚？"

骆驼妈妈说："可以让我们重重的身子不至于陷在软软的沙子里，便于长途跋涉啊！"

小骆驼高兴坏了："原来我们这么有用啊！可是妈妈，为什么我们还在动物园里，不去沙漠远足呢？"

举一反三

每个人都有特长，发现自己突出的地方，努力学习并完善它，你便会拥有一技之长。无论是父母之命还是旁人之言，坚信自己与众不同，终会发现自己的用武之地。所谓天生我材必有用，是要我们坚信总有一片天空属于我们，三百六十行，总有一行我们会擅长。走过风风雨雨，总有一束阳光会照耀在我们身上。

韩寒如今是万千青少年追捧的作家，中学时，却是七门功课不及格的问题学生。他是怪才，用他在文学上独特的嗅觉引领新一代的青春文学。你可以说他只会写字，但他就是用手写出了人生的辉煌；你可以贬低他在其他方面一无是处，但是你必须承认他处在文坛的巅峰。所谓天生我材必有用，是要我们相信无论擅长的是什么，总会在这一片天地发光发热。

看遍世间冷暖，总有一抹微笑绽放在心间。李连杰是功夫巨星，身价上亿。年轻时曾因为家里贫困而辍学，也由此契机走向了学功夫的道路。一个功夫梦发掘出他超人的天赋；一股不服输的劲儿，使他不懈奋斗了十几年。无论家境贫寒还是富有，无论你的才能多么卓越超凡，在通向成功的路上，都写着"努力"二字。

不要用世俗的眼光看待自己，世界是一个多角度的球体，换一个角度或许就可以找到你的人生焦点。永远相信天生我材必有

用，在拼搏奋斗中实现自己的价值。寻找适合自己发展的平台，平台的大小、好坏对个人的发展是很重要的。只有在大的、好的平台上我们才能充分发挥自己的优势，才能充分认识到自己的不足，取长补短，不断进步。

妙语点睛

◎每个人肯定有某一方面的素质和能力，只要善于挖掘，总能找到最适合自己的发展平台。

◎羡慕别人的人，如果仅仅停留在羡慕上，那就永远只有羡慕的份儿。学会羡慕自己，而后知道感恩，最终会取得成功。这个世界上羡慕别人的人多，羡慕自己的人少，做多数人不做的事情，就是赢了多数人。学会羡慕自己，你才能更容易地珍惜所拥有的。学会羡慕自己，就是善于发现自己的优点与长处。适合自己的才是最好的。

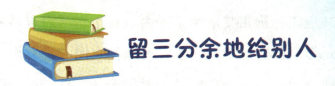

留三分余地给别人

经典案例

　　有这样一个故事：宋朝有个名叫苏掖的常州人，官至州县监察官。他的家中十分有钱，却非常吝啬，常常在置办田产或房产时，不肯付足对方应得的钱。有时候，为了少付一分钱，他会与人争得面红耳赤。他还会趁别人困窘危急之时，压低对方急于出售的房产、地产和其他物品的价格，从而牟取暴利。有一次，他准备买下一户破产人家的别墅，竭力压低房价，为此与对方争执不休。他的儿子在旁看不下去了，忍不住说道："父亲，您还是多给人家一点儿钱吧！说不定将来哪一天，我们儿孙辈会出于无奈而卖掉这座别墅，希望那时也有人给个好价钱。"苏掖听儿子

这么一说，又吃惊又羞愧，从此开始有所醒悟。

举一反三

一个优秀的领导者总是会为自己的集体争利，这是无可厚非的，但有时候后退一步给对手一个机会对自己未尝不是一件好事。广东某集团和杭州某集团是国内饮料市场一对有名的竞争对手，在杭州集团遭遇困境的时候，广东某集团并没有像大家通常的做法那样给予狠狠一击，而是给对手喘息之机，最后两家企业发挥各自的优势，把共同的市场做大，都得到了好处。

尺有所短，寸有所长，竞争对手之所以成为你的竞争对手，肯定有你无可替代的优势，如果把这种优势转化为对自己有利的一股力量，何乐而不为？利弊的权衡是一门高深的学问，也是一门艺术。考虑得失不仅仅只是眼前，要考虑到以后的生存和发展，这才是最明智的选择。

妙语点睛

◎留三分余地给别人，就是留三分余地给自己。

◎做事留有余地的人是睿智的人，因为懂得进退；也是豁达的人，因为做事、做人是相统一的，什么样的人就会做什么样的事；在给别人留有空间的同时，也给自己留下了一条后路。

◎说话办事要给自己留有余地，要使自己行不至于绝处，言

不至于极端，以便日后更能机动灵活地处理事务，解决复杂多变的问题。同时，给别人留有余地，无论在什么情况下，都不要把别人推向绝路。这样一来，对己对人都有好处。

优良美德产生的奇迹

一个风雨交加的夜晚，一对老人来到一家旅馆想开一个房间住宿。

前台接待说："很抱歉！我们的旅馆已经客满了！"看着这对老人疲惫的神情，接待有些于心不忍，在这样一个风雨交加的夜晚，让这对老人另找住处，无异于让他们露宿街头。于是，接待又说："也许还有一间房你们可以住。"

好心的接待将他们领到一个房间说："你们可以住在这里，虽然他不是最好的，但是足够干净、整洁。"老人们愉快地住下了。

第二天一早，当两位老人准备结账时，接待却对他们说："我只是将自己的宿舍借给你们住了一晚，不必挂在心上，祝你们旅途愉快！"

老人有些惊讶，因为接待在前台值了一个通宵的班。老人感动地说："你是我见过的最好的旅馆经营者，我会报答你的！"

接待笑着说："这算不了什么。"并将老人送出了门，然后转身忙自己的事情了，很快接待就将这件事情忘得干干净净。

直到有一天，这个接待居然收到了一封信函，里面有一张去纽约的单程机票和简短的留言，聘请他去做另外的一份工作。接待半信半疑，来到了纽约，并来到了信中指示的地方，在他眼前的是一个金碧辉煌的酒店。接待他的是几个月前来住宿的老人和他的妻子。原来这个老人是个有着亿万资产的富翁，富翁为接待买下了那个金碧辉煌的酒店，他深信以接待的善良和美德一定会经营管理好这个酒店。

这就是全球赫赫有名的希尔顿饭店首任经理的传奇故事。

举一反三

这个故事是一个善良、满怀仁爱的接待，凭借自己优良的美德所产生的奇迹。爱是永远没有国界的。与奉献同行，让爱永驻心田。

当今社会，人们已经麻木不仁到一定程度了，面对别人的困难冷漠自私，面对别人的帮助受之泰然，面对晕倒在地的老人也不敢扶起。而爱和奉献就像阳光雨露一样滋润着人的心田，装点着美丽的人生。

爱是一种要求很高的美德。我们不能希望人们毫无私心，但是至少应该在牵涉别人利益的时候，能退让一步，不损害别人的

利益。利己也不是罪恶，利己而不损人就是美德的起点。能够舍己为人就是善最可贵的了。

一个人能不过分地患得患失，就是减少了利己的念头。减少了利己的念头，心头就会感到坦然。

能够了解到"自己"虽然重要，但这"自己"的价值却必须在群体的利益中才可见，就自然可以把群体利益放在自己的利益之上，而不致斤斤计较，烦恼不堪了。

真正品德良好的人，他的感情自然、适度，不必有一点儿约束与造作。这样的人不但自己快乐，别人和他在一起时，也会如沐春风。

妙语点睛

◎一个人同情别人的不幸遭遇是很好的，但决不可同情自己。

◎真正的同情，在忧愁的时候，不在快乐的期间。

◎聪明人都明白这样一个道理，帮助自己的唯一方法就是帮助别人。

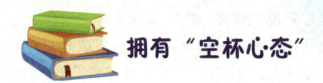

拥有"空杯心态"

在一个寺庙里有一位德高望重的老禅师，经常会有一些有佛缘的人来拜访。一天，有一个佛学造诣很高深的人来拜访老禅师。

老禅师的徒弟在接待他时，他表现得很傲慢，心想："你算老几？也配跟我说话！"

老禅师十分恭敬地接待了他，并亲自给他斟茶，在斟茶时，明明杯子已经满了，老禅师还在不停地倒。

这人有些疑惑地问："大师，杯子已经满了，为何还要往里倒？"

老禅师回答："是啊！既然杯子已经满了，为何还要往里倒呢？"

老禅师的禅意是，既然你已经很有学问了，对别人也很傲慢，干吗还到我这里求教？

这就是"空杯心态"的来历。

举一反三

我们常常听说"空杯心态"，什么是"空杯心态"呢？是说我们在做任何事情之前都要将自己想象成是"一个空着的杯子"，而不是"满了的杯子"，因为杯子满了是不能再向里面倒水的。

我们每一个人每天都要应对时代和环境的各种变化，必须随机应变，以变应变。这就要求我们有"空杯心态"，要想学习更多的东西，提升职业能力，就不能骄傲自满，故步自封，过去的成绩也只能代表你的过去，并不是你骄傲的理由。

"空杯心态"就是随时对自己拥有的知识和能力进行重整，清空过时的，为新知识、新能力的进入留出空间，保证自己的知识与能力总是最新；就是永远不自满，永远在学习，永远在进步，永远保持身心的活力。

人类认识自己就已经很困难，而不断地否定自己则难上加难。否定自我需要胸襟、需要坦诚、需要胆识，需要真正的空杯心态。

受到批评要警惕、警醒，得到赞扬更要警惕、警醒。在鲜花和掌声面前，看到差距；在困难和挫折面前，不失信心。这便是成熟和进步，这便是空杯心态。

成功的路上，除了那遍地的荆棘，最难对付的就是自己心中的那个敌人——骄傲。骄傲，如同一个伺机作乱的小丑，时不时跳出来，扰乱我们的视线，放慢我们的脚步！骄傲，让人在自鸣得意中失去了前进的动力，让人在目空一切中失去了整个世界！

妙语点睛

◎生于忧患，死于安乐，要居安思危，不要自以为是。

◎成功只代表过去，不代表现在，更不代表将来。

◎人生的新高度，是给自己制定的，只要勇于超越，敢于从头再来，就一定能够更加精彩。

◎学历代表过去，只有学习力才能代表将来。尊重经验的人，才能少走弯路。一个好的团队，也应该是学习型的团队。

让理想和现实有机结合

经典案例

从前，有两个挨饿的人，在他们快要饿死的时候得到了神的恩赐，神给了他们一根渔竿和一篓鲜鱼。其中一个人要了渔竿，另一个人要了鱼，然后他们分道扬镳，各自上路。得到鱼竿的人继续忍饥挨饿，艰难地寻找着大海，终于他看到不远处蔚蓝的大海，他也用尽了全身最后一点儿力气，他只能眼巴巴地看着大海带着无尽的遗憾离开人世。得到一篓活鱼的人，当场就将鱼煮了起来，并狼吞虎咽地吃起来，转眼间，连鱼带汤都吃完了，于是他继续挨饿，不久便饿死在空空的鱼篓旁。

同样，又有两个快要死的人，同样得到了神恩赐的一个渔竿和一篓鲜鱼。只是他们并没有分道扬镳，他们商定要一同去寻找大海，他们每次只煮一条鱼充饥，经过长途跋涉他们终于来到海边，他们利用渔竿，以钓鱼为生，慢慢地，他们盖了房子，有了各自的家庭，有了渔船，过上了幸福的生活。

举一反三

这个故事似乎有些极端，但是从中我们不难看出一些简单的道理：一个人如果单纯地只顾眼前利益，得到的只能是短暂的欢愉；一个人即使目标再高远，也要面对残酷的现实生活。只有把理想和现实有机结合起来，才有可能成为一个真正成功的人。简单的道理，却足以给人意味深长的启示。

一个人的眼光应放长远些，雄鹰忍受折翅之痛，才能羽翼丰盈，翱翔于蓝天；种子忍受黑暗的痛苦，才能破土而出。眼光放长远，是生存之必备，是智者之选择。

将眼光放长远，你将收获感动。一个打工妹，十几岁外出打工，靠给别人洗脚维生，可是这个打工妹，凭着微薄的收入，10年来资助了一百多个贫困学生，正如她自己所说："与其花钱买化妆品，买好看的衣服，不如将眼光放长远些，这样也许造就了孩子的一生。"将眼光放长远，她让中国感动。

将眼光放长远，你将收获奇迹。在安稳与冒险之中。他选择了冒险，在平凡与伟大之间，他选择了伟大，他就是缔造了阿里巴巴奇迹的马云。假如他没有长远计划，只看当下，选择做一名教师，过着安稳的日子，就不会创造奇迹，也不会有今天便利的网购环境。

眼光再高远也要结合现实，否则再高远的目标和远大的理想也只不过是空想。一个人要想成为成功的领导者，就要把理想与

现实结合起来。其实这个道理很简单，就是确定一个想要实现的目标，然后每天都朝这个目标不断地努力。

举一个很简单的小例子，我们小时候上学的时候，老师总让我们写学习计划，每当写学习计划的时候，都是满怀着一腔热血，洋洋洒洒写下了一学期的学习计划，可是真正做到的又有多少呢？学生时代经常会想，这次期末考试一定要考全校第一，可是日子一天一天过去了，想法还在，实际上却迟迟没有行动。远大的理想如果不和实际结合起来，永远不会成功。

妙语点睛

◎理想固然重要，但不结合现实，再远大的理想也只是空想。

◎没有长远目标，就没有方向和顶峰；仅有长远目标，你的道路将变得漫长和艰难。

◎一个人如果单纯地只顾眼前利益，得到的只能是短暂的欢愉；一个人即使目标再高远，也要面对现实生活。

言出必行

经典案例

今天在公交车上看到了这样一个故事：曾子的妻子准备到集市上买一些东西，她刚刚走出家门没多远，儿子就哭着从后面赶上来，哭着喊着要跟着去，曾子的妻子觉得孩子太小，而且集市距离还比较远，就对儿子说："宝儿乖！快回家去，等娘买完东西回来给你炖猪肉吃！"儿子一听立刻高兴起来，乖乖地回家等着。等曾妻从集市上回来的时候，还没等走进家门，就听见了杀猪的声音，曾妻急忙进屋一看，发现曾子正在杀猪，她赶紧上前拦住丈夫，说："这猪等到过年的时候才能杀！"曾子却说："大人不能在小孩子面前撒谎，他们年幼无知，只能从父母这里获取知识，汲取教训，如果我们说到了却没有做到，这就是在教他言而无信！"

这就是"曾子杀猪"的故事。

举一反三

古人说："君子一言，驷马难追。"很多人虽然知道这句话的意思，但试问，又有几个人真正从中汲取了经验，做到了"言必信，行必果"？

古代的墨子曾经说过"身必行之"，告诉我们必须言行一致，以身作则。"曾子杀猪"就是一个很好的例子。曾子用言行告诉我们，不论对谁，都要言而有信，言出必行，身教重于言教。

大文豪鲁迅也是个言出必行的人。一次，他去参加一个小会议。那天天气极差，暴雨夹着闪电，伴着轰隆隆的雷声，会上所有的人都认为鲁迅先生不会来了，然而，在会议开始前的5分钟，鲁迅却出现了。"我没迟到吧？"他低着头看了看表，脸上露出一丝微笑。尽管他是大师，却没有因为会议小、天气坏而迟到，甚至不来，从他身上，不难看出这种言出必行的精神。

由此可见，不论是古代还是现代、当代，言出必行都是很重要的。我们一定要做到这一点，做一个可以让别人信赖的人。

妙语点睛

◎锲而不舍，金石可镂。

◎生命不可能从谎言中开出灿烂的鲜花。

◎不讲诚信的人可以欺骗一时，但不能欺人一世，一旦谎言被识破就难以在社会上立足，其结果是既伤害别人，也伤害自己。为人诚实，言而有信，能得到别人的信任，也是道德的升华。

敢于尝试是一种别样的美丽

经典案例

有一家效益非常不好的公司，打算花超出正常薪酬10倍的钱招聘一个营销主管。广告打出来，报名者云集。面对众多前来应聘的营销人员，负责招聘工作的刘主任出了一道让大家跌破眼镜的问题："想办法将梳子尽量多地卖给和尚。"问题一出，大部分应聘者都觉得迷惑甚至是愤怒，出家人要梳子何用？这不是摆明了拿人开涮吗？于是纷纷拂袖而走。最后只剩下三个应聘者——小张、小王、小李。刘主任交代："以半个月为限，到时向我汇报销售结果。"

半个月的时间很快就过去了，小张卖出了一把梳子，小张讲述了他历尽艰辛的销售过程。他遍访名山，费尽口舌游说和尚买梳子，没有效果，还遭到和尚们的责骂和驱赶。一天他

在下山的途中看到一个小和尚正在一边晒太阳，一边用手使劲儿地挠着头皮。小张灵机一动，递上梳子，小和尚觉得用着顺手，就买了一把。

小王卖出了10把梳子。小王说他去了一座名山上的古刹，由于山高风大，上香的人头发都被吹乱了，他找到了古刹的住持，对住持说："蓬头垢面是对佛祖的不敬，应该在每座庙的香案前都放上一把梳子，让前来上香的善男信女都整理头发。"住持采纳了他的建议，于是买下10把梳子。

小李卖掉了1000把梳子，这让大家都很惊讶。小李说他来到一座香火极旺的古刹，找到了住持说："来朝圣的善男信女都是有颗虔诚礼佛的心，宝刹应该有所回馈，用于保佑其平安吉祥，我这里有一批梳子，您的书法超群，可以在梳子上刻上'积善梳'，用于鼓励其多做善事。"住持大悦，立即买下1 000把梳子。得到"积善梳"的香客也都十分高兴，于是一传十、十传百，前来朝圣的人越来越多，香火也更加旺盛了。

显而易见，小李被留下，获得了高薪。

举一反三

把木梳卖给和尚，听起来匪夷所思，但不同的思维，不同的推销术，却有不同的结果。我们要敢于尝试，敢于创新，敢于做第一个吃螃蟹的人。在别人认为不可能的地方开发出新的市场来，那才是真正的高手。

第一个吃螃蟹的人是指第一个尝试新事物的人，尝试新事物是需要超凡勇气的，因为第一个吃螃蟹也不一定都是好事。

鲁迅曾称赞："第一次吃螃蟹的人是很令人佩服的，不是勇士谁敢去吃它呢？"螃蟹形状可怕，丑陋凶横，第一个吃螃蟹的人确实需要勇气。但谁是天下第一个吃螃蟹的人呢？

相传在几千年前，江河里有一种形状凶恶的甲壳虫，不仅偷吃稻谷，还会用螯伤害人，故称之为"夹人虫"。后来，大禹来到江南治水，派壮士巴解做督工，夹人虫严重妨碍了工程的进度。巴解想出了一个方法，在城边挖掘出了一条围沟，在围沟里灌进沸水。夹人虫过来，就纷纷跌入沟里被烫死。被烫死的夹人虫浑身通红，发出一股吸引人的香味儿。巴解十分好奇，用手将甲壳掰开，香味儿扑鼻，便大着胆子咬了一口，谁知那味道真是鲜美，无比好吃，于是，使人害怕的害虫一下子成了家喻户晓的美味。大家为了感激这个敢为天下先的巴解，用解字下面加个虫字，称夹人虫为"蟹"，意思是巴解征服夹人虫，是天下第一食蟹人。

这就是"第一个吃螃蟹的人"的来历。敢于尝试就是一种美丽。生活中的我们，大多是渺小而又平凡的，很多人不敢尝试，退却了。他们的人生因此变得像一杯平淡无奇的白开水，少了些许绚丽的色彩。这样的人，又怎么能体味到生命中的精彩呢？

敢于尝试，对于不同事物的不同尝试，会得到许多不同的体验。那些或是甜，或是酸的滋味儿，会让生命之水不再平淡。

或许你永远也无法成为第二个刘翔，但是这又有什么关系呢？你在尝试成为他的过程中，不也是艰苦地训练、坚持不懈地努力吗？你的体格不也因此变得更加强壮吗？你的意志不也因此变得比以前更坚忍吗？不要怕被别人嘲笑，不要怕别人笑你不自

量力，勇敢地尝试会使你变得比别人更加强壮。

敢于尝试，才会使你有获得成功的可能。爱迪生无数次地尝试，使他发明了电灯；邰丽华尝试生命之舞，使她最终实现了自己的梦想。

请不要害怕尝试，勇于向更高点挑战，生命才会因此而焕发出别样的光彩。

妙语点睛

◎敢于尝试是一种别样的美丽。

◎除非你停止尝试,否则就永远不会是失败者。

◎失败固然痛苦,但更糟糕的是从未去尝试。

必定成功的信念

经典案例

在伦敦，为了开辟新道路，拆除了很多陈旧的房屋，但是新路迟迟没有开始修建，房屋的残垣断瓦任凭风吹日晒。

直到有一天，来了一些科学家，他们在这片残垣断瓦中发现了一些新长出来的花花草草，令人惊奇的是，这些花花草草竟然是一些在英国本地非常少见的品种，它们一般是生长在地中海沿岸的国家里。

科学家们后来研究发现，这些被拆除的房屋，是当年罗马人在进攻英国时建造的，而大部分的花草种子也是在那个时候被带到了英国。它们被压在瓦砾之下，一年又一年，没有放弃生存的希望，当阳光雨露又降临的时候，它们又立刻恢复了生机，绽开出绚丽的花朵。

举一反三

　　小小的种子却有着令人惊叹的力量。它们如此柔弱却又是如此坚强，即使在沉重的瓦砾下压上几百年，也依然能够保持生命的希望，一旦阳光雨露又降临到身上，它们又焕发出生机来。一个人，当他身处困境时，又该如何呢？

　　一年，一支来自英国的探险队要横穿撒哈拉沙漠，队员们在无边无际的沙海里跋涉。漫天飞舞的沙粒扑打着每个探险队员的脸，口干舌燥，心急如焚，因为大家所带的水没有了。这时，队长拿出了一个沉甸甸的水壶，说："我这里还有最后一壶水，但是在穿越沙漠前，任何人都不能喝。"

　　一壶水，成了穿越撒哈拉的信念之源，成了所有人求生的寄托。水壶在每个队员的手中传递，那沉甸甸的感觉使队员们绝望的脸上又露出了坚定的神情。探险队终于顽强地走出了撒哈拉沙漠，挣脱了死神之手。每个人都欢欣鼓舞，喜极而泣，当他们用颤抖的双手拧开那支撑他们走出沙漠的精神之水的时候——缓缓流出来的，竟是满满一壶的沙子。

　　故事里，茫茫撒哈拉沙漠中，真正救了他们的并不是那一壶沉甸甸的沙子，而是他们心头的信念，这信念像种子一样在他们心头生根发芽，最终指引着他们走出了沙漠。人生从来都没有什么时候是真正的困境，无论遭受了多少苦难，经历了多少磨难，只要怀揣着一股必定成功的信念，总有一天会走出困境的，因为信念在，希望就在。

妙语点睛

◎最可怕的敌人，就是没有坚强的信念。

◎由百折不挠的信念所支持的人的意志，比那些似乎是无敌的物质力量具有更大的威力。

◎信仰坚定的人是一刻也不会迷失方向的。

态度积极的人能够在困难面前发现并创造机遇

经典案例

从前，有个多次进京赶考都不中的秀才，这次他又住在他每次居住的旅店里，在考试前几天的晚上他做了两个梦，第一个梦是自己在高高的城墙上种白菜；第二个梦是在一个大雨天里，自己不但穿着蓑衣戴着斗笠，而且打着雨伞。

秀才觉得这两个梦是有一定寓意的，于是第二天找了个算命的瞎子帮他解梦，瞎子说："算了，你还是回家吧，这次你肯定还是不会考中的，你想想啊，在高高的城墙上种白菜不是白费劲儿吗？穿蓑衣戴斗笠不是多此一举吗？"

秀才一听觉得有道理，于是心灰意冷，垂头丧气，决定收拾包袱回家，店主觉得特别奇怪："马上要考试了，你为啥要回家呢？"

秀才将刚才的事情说给了店主听，店主一听乐了："我也会解梦，我倒是觉得你应该留下来。你想想，城墙之上种白菜，不是说明你高中吗？穿蓑衣戴斗笠还打着伞，说明你这次有备无患啊！"

秀才一听觉得很有道理。于是振作精神去参加考试，没想到居然中了探花。

举一反三

积极的人像太阳，照到哪里哪里亮，消极的人像月亮，初一十五不一样。每个人的想法决定着他未来的生活，有什么样的想法，就会有什么样的未来。

如果一个人总是对人生充满消极的态度，那么他就会成为自己或者别人的负担、累赘。如果一个人总是持有积极的态度，那么他不但对自己，即使对别人来说都将是有用的。一个人在性格上满怀希望、热情、灵活和富有幽默感，构成了积极的人生态度。无论年轻的还是年老的，都要谨记人生的轨迹是由我们的人生态度来决定的。

有这么一对兄弟，老大叫大毛，老二叫二毛。大毛的个性积极乐观，而二毛的个性则消极自卑。他们的爸爸做了一个试验，他让二毛一个人待在一个装满玩具的屋子里，让大毛待在一间堆满牛粪的棚子里。

过了一会儿，他发现性格悲观的二毛正坐在玩具堆上不停地哭，就去问他为什么，二毛说："爸爸，这么多的玩具，我不知

道该从哪个开始玩儿，所以很不开心！"

爸爸将他哄好，又去看大毛，他发现大毛正在非常开心地用一根木棍不停地翻着牛粪，当他看到爸爸来了，就兴奋地问："爸爸，你快点儿告诉我，你把玩具藏到哪堆牛粪下面了？"

态度消极的人，经常是将机遇想象成困难；而态度积极的人，总是能够在困难面前发现并创造机遇。一个成功的人，一定是一个时刻保持着积极态度的人，即使是遭遇到挫折，他也会相信成功就在不远处；而消极的人总是在遭遇到挫折后放弃，并千方百计地为自己找各种理由：我已经付出努力了，不成功也只能认命了。

我们要得到别人的重视，就需要变得积极且有魅力，这样才会吸引其他一些积极的人与你为友。

妙语点睛

◎当生活像一首歌那样轻快流畅时，笑颜常开乃易事；而在一切事都不妙时仍能微笑的人，才活得有价值。

◎阳光和鲜花在乐观的微笑里，凄凉与痛苦在悲观的叹息中。

◎消极的人常常在机遇面前想象困难，积极的人总是能够在困难面前发现机遇。

人的价值实现需要一个平台

洋洋非常苦恼地对老师说："我觉得自己什么事情都做不好，大家都说我没用。我应该怎么办？"

老师说："非常遗憾，我现在帮不了你，我自己也遇到了问题，如果你能先帮我解决问题，也许我就可以帮助你了。"

"哦……如果您觉得我可以的话，我愿意帮助您。"洋洋很不自信地回答。

老师把一条项链从脖子上摘下来，交给洋洋，并对他说："骑着马到集市去，帮我卖掉这条项链，我要还债，你必须卖一个好价钱，最低得卖10两金子。"

洋洋拿着项链离开了。一到集市，他就拿出项链给赶集的人看。不一会儿围了好多人，当洋洋说出了项链的价格后，围观的

人有的嘲笑他，有的说他疯了，10两金子那可不是一个小数，用来换一条项链太不值了。有人想用10两银子和一些不值钱的铜器来换这条项链，但洋洋记住老师的叮嘱，拒绝了。

洋洋骑着马悻悻而归。他沮丧地对老师说："老师，对不起，我没有换到您想要的金子，但它也许可以换到10两银子。"

老师微笑着对洋洋说："孩子，首先，我们应该知道这条项链的真正价值。你再骑马到珠宝商那里去，告诉他我想卖这条项链，问问他能给多少钱。不过，不管他说什么，你都不能卖，带着项链回来。"

洋洋来到珠宝商那里，珠宝商在灯光下用放大镜检查项链后说："年轻人，请告诉你的老师，如果他想卖的话，我最多给他100两黄金。""什么，100两黄金？"洋洋简直不敢相信自己的耳朵。

"是的，如果你的老师确定要卖的话，我也可以出到120两黄金。"珠宝商说。

洋洋十分激动地跑到老师家，把珠宝商的话告诉老师。

老师听后，说："孩子，你就像这条项链，是一件没有被人发现的珠宝，只有真正的内行才能发现你的价值。"

举一反三

其实，我们每个人就像这条项链，在人生这个大市场里要自我珍视，也要努力，主要是我们遇到的人，能够发现我们真正的价值。在西藏，怎么努力也不能烧开一壶水，说明环境很重要；骑自行车多努力也追不上宝马，说明平台很重要。

妙语点睛

◎人的价值实现需要一个平台或机会。

◎金子并不是放到哪里都发光。首先，要保证是金子；其次，要保证有光源。

失去并不意味着失败

经典案例

张老正悠闲地坐在轮船的甲板上看报纸。突然刮起一阵大风，把他新买的帽子刮入大海中，他用手摸了一下头，看着海面上正在飘落的帽子，又继续看起报纸来。旁边一个人非常疑惑地说："先生，你的帽子被刮到大海里了！"

"我知道，谢谢。"张老继续读报。"可那帽子值不少钱呢？"

"是的，我正在考虑怎样省钱再去买一顶新的。帽子丢了，我很心疼，可它还能回来吗？"说完张老又继续看起报纸来。

举一反三

的确，失去的已经失去，何必为之大惊小怪，或耿耿于怀呢？

我们每个人丢失过某种重要或心爱之物，比如不小心弄丢了父母送的生日礼物，最喜爱的自行车被盗了，相处了好几年的恋人拂袖而去，等等。这些大都会在我们的心灵上投下阴影，有时我们甚至会备受折磨。究其原因，就是我们没有调整好心态去面

对，没有从心理上承认已经失去，与其为失去的东西懊悔，不如振作起来，重新开始。

人生有许多事情要做，为什么要为一时的失去而伤心？每个人都会失去，但对其所持的心态却不同。有的人总是向人反复表明他失去的东西有多么好，有多么珍贵。还有一些人则不同。比如，他们在失去了原有的工作之后，不是一味地伤感，而是主动寻找新的工作。他们相信，失去并不意味着失败，失去后还可以重新拥有。这才是成功者应具备的心态。

妙语点睛

◎当失去时，不要沉浸在痛苦中，要调整好心态，重新开始。

◎心态是做好一件事的重要条件。

帮助别人就是帮助自己

经典案例

在一场大规模的战斗中，中士忽然发现一架敌机向阵地俯冲下来。在正常情况下，发现敌机俯冲时要毫不犹豫地卧倒。可中士并没有立刻卧倒。他发现离他不远处有一个战士还站在那儿进行战斗。他并没有多想，一个翻身将战士紧紧地压在了身下。此时就听到一声巨响，飞溅起来的泥土纷纷落在他们的身上。中士拍拍身上的尘土，回头一看，顿时惊呆了，刚才自己所处的那个位置被炸成了一个大坑。

古时候，有两个兄弟各自带着一大包行李出远门。一路上，重重的行李将兄弟俩都压得满头大汗，举步维艰，他们只好左手累了换右手，右手累了又换左手。忽然，大哥停了下来，在路边买了一根扁担，将两个行李一左一右挂在扁担上。他挑起两个行

87

李上路，反倒觉得轻松了很多。

举一反三

将这两个故事联系在一起也许有些牵强，却有着惊人的相似之处：故事中的战士和弟弟是幸运的，但更加幸运的是故事中的中士和大哥，因为他们在帮助别人的同时也帮助了自己。

在人生路上，肯定会遇到许许多多的困难。但有时我们并不知道，在前进的道路上，搬开别人脚下的绊脚石，有时恰恰是为自己铺路。

妙语点睛

◎搬开别人脚下的绊脚石，有时恰恰是为自己铺路。
◎为他人减轻负担的人，都不是平庸之辈。
◎为别人点一盏灯，照亮别人，也照亮了自己。

墨守成规必定失败

如果将六只蜜蜂和六只苍蝇装进一个玻璃瓶中，然后将瓶子平放，让瓶底朝着窗户，你会发现，蜜蜂会不停地在瓶底上寻找出口，一直到它们力竭倒毙或饿死，而苍蝇则会在瓶子中四处乱飞，不一会儿，就会穿过另一端的瓶颈逃离出去。事实上，正是由于蜜蜂对光亮的喜爱，才导致蜜蜂的死亡。

蜜蜂认为，瓶子的出口一定在光线最明亮的地方，它们不停地重复着这种合乎逻辑的行为。对蜜蜂来说，玻璃是一种它们从未见过的神秘之物，它们在自然界中从没遇到过这种不可穿透的透明物体，而它们的智力越高，这种奇怪的障碍就越显得无法接受和不可理解。

那些愚蠢的苍蝇则对事物的逻辑毫不留意，全然不顾亮光的吸引，四下乱飞，结果误打误撞地逃离瓶子的束缚，这些头脑简单者总是在智者消亡的地方顺利逃生。因此，苍蝇得以最终发现瓶子的出口，并因此获得自由。

举一反三

企业应该意识到最重要的事情是当每个人都遵循规则时，创造力便会降低。这里的规则也就是瓶中蜜蜂所坚守的"逻辑"，而坚守的结局是死亡。

企业生存的环境可能突然从正常状态变得不可预期、不可想象、不可理解，企业中的"蜜蜂"们随时会撞上无法理喻的"玻璃之墙"。领导者的工作就是赋予这种变化以合理性，并找出带领企业走出危机的办法。

如果你想成为非常成功的领导者，就要有全新的思维。这个世界每一天都在变化，我们需要张开双臂，全身心地投入到这个时代，学会用不同的方式思考问题。在这个充满变革的时代里，我们要加快速度前进。

只有努力创新，才会有前途，墨守成规或一味模仿他人，到最后一定会失败。

妙语点睛

◎创造力是每个领导者不可缺少的。

◎墨守成规导致企业原地踏步，甚至倒退。

◎每个企业都需要新鲜的血液，不能一味地按部就班。

1%的希望要有100%的努力

经典案例

　　小李是一家保险公司的保险推销员，他在事业方面做得非常成功，同事问他有什么秘诀，他告诉同事，他接受了一位行销训练师的培训。训练师要求推销员想象自己正站在即将拜访的客户门外。

　　训练师："请问，你现在在哪里？"

　　推销员："我现在正站在客户家的门口。"

　　训练师："很好！那么，接下来，你想要干什么？"

　　推销员："我想进入这位客户的家中。"

　　训练师："当你进去之后，你想想，最坏的情形会是怎样呢？"

　　推销员："最坏的情形，大概是被客户赶出来吧。"

训练师："被赶出来后，你又会干什么？"

推销员："还是站在客户家的门外啊。"

训练师："很好，那不就是你现在所站的位置吗？最坏的结果，不过是回到原处，又有什么可恐惧的呢？"

举一反三

只要有1%的希望，我都会做100%的努力。失败了又怎样呢？最坏的结果不过是回到原处，我们并没有损失什么，相反还增加了不少工作经验和人生体验，一切只不过从头再来。

妙语点睛

◎生活没有做不到的事，但需要有强烈的愿望和锲而不舍的精神。

◎生活于愿望之中而没有希望，是人生最大的悲哀。

◎光有知识是不够的，还应当运用；光有愿望是不够的，还应当行动。

坚持不懈地追求

有一个人经常出差，总是买不到有座号的车票。可是无论长途短途，无论车上多挤，他总能找到座位。他的办法其实很简单，就是耐心地一节车厢、一节车厢找下去。这个办法听上去似乎并不高明，却很管用。每次，他都做好了从第一节车厢走到最后一节车厢的准备，可是每次他都用不着走到最后就会发现空位。他说，这是因为像他这样锲而不舍找座位的乘客实在不多。经常的现象是在他落座的车厢里尚余若干座位，而在其他车厢的过道和车厢连接处，竟然人满为患。

他说，大多数乘客轻易地就被一两节车厢拥挤的表面现象给迷惑了，不大细想在数十次停靠之中，在火车十几个车门上上下下的流动中，蕴藏着不少提供座位的机遇。即使想到了，他们也没有一份寻找的耐心。他们还担心万一找不到座位，回头连个好好站着的地方也没有了。这和生活中一些安于现状、不思进取、害怕失败的人一样，这些不愿主动找座位的乘客大多只能在上车时最初的落脚之处一直站到下车。

举一反三

自信、执着，富有远见，勤于实践，会让你握有一张人生之旅永远的坐票。这个找座位的故事的主人公，他的运气其实是他自己不懈追求的回报。

妙语点睛

◎生活真有趣，如果你只接受最好的，你经常会得到最好的。

◎一个人只要坚持不懈地追求，他就能达到目标。

◎永不停息的滴水终可以穿透大石，不是由于它力量强大，而是由于昼夜不舍地滴坠。

管得少就是管得好

经典案例

孔子有个学生叫作子贱，他被任命为某地方的官吏。当他上任以后，却时常不管政事，每天弹琴自娱，可是他所管辖的地方，却井井有条，民兴业旺。这使上一任官吏百思不得其解，因为他每天即使起早贪黑，从早忙到晚，也没有把地方治好。于是他向子贱请教："为什么你能将这个地方治理得这样好呢？"子贱回答："你只靠自己的力量，所以十分辛苦，而我却是借助别人的力量来完成任务。"

举一反三

现代企业中的领导，喜欢把一切事揽在自己身上，事必躬亲，这也管，那也管，从来不放心把任何一件事交给其他人去做，于是他整天忙忙碌碌不说，还会被公司的大小事务搞得焦头烂额。

其实，一个聪明的领导人，就要成为子贱"二世"，利用部属的力量，发挥团队协作精神，不仅能使团队很快成熟起来，也能减轻管理者的负担。在公司的管理方面，要相信少就是多的道理：你抓得少些，反而收获就多了。

管理者，要管头管脚（指人和资源），但不能从头管到脚。韩国某企业实行了一种独特的管理制度，即让职工每日轮流当厂长，管理厂务。这种一日厂长和真正的厂长一样，拥有处理各种公务的权力。当一日厂长对工人有批评意见时，要详细记录在工作日记上，并让各部门的员工收阅。各部门、各车间的主管，要依据批评意见随时核正自己的工作。这个工厂实行"一日厂长制"后，大部分干过"厂长"的职工，对工厂的向心力增强，工厂管理成效显著，开展的第一年就节约生产成本三百多万美元。

让企业的每一个成员都更深刻地体会到自己也是企业这个大家庭中的一员，并身体力行地做一回管理者，不仅可以充分调动他们的积极性，也可以看到管理上的不足。

杰克·韦尔奇有一句经典名言——"管得少就是管得好"，要想管得少，就要合理地授权，领导者要学会授权的管理艺术。

妙语点睛

◎作为领导者要学会授权，学会合理地分配工作，把有经验

的人放在其有经验的地方。

　　◎高明的领导者一定能把员工的积极性充分发挥出来，通过聚大家之力和大家之智来达到管理目的。

　　◎管得少就是管得好。

肯定使人信心倍增

经典案例

松下电器的总裁松下幸之助以最会培养人才而出名。一天，松下对他公司的一个部门经理说："我每天要做很多决定，要批准很多决定，事实上只有40％是我认同的决定，而其余的决定我都有所保留，但是我觉得还过得去，就批准了。"

这个部门经理很惊讶，如果松下觉得不妥，大可以一口否决，因为他有这样的权力和资格。

"所以，你们作为部门经理，不可以对任何事情都说不，对于那些你认为过得去的计划，你大可以在实际的执行过程中指导他们，使他们能够重新回到你所预期的轨迹上来。一个领导人应该接受他不喜欢的事情，还要鼓励他们去做，因为任何一个人都不喜欢被别人否定，都喜欢得到别人的肯定。"

举一反三

作为一名领导者，必须懂得如何使人增强信心，切不可动不动就打击团队成员的积极性。避免"你不行，你不知道，你不会"等一些否定色彩的字眼儿，要经常说"你行，你一定行，你一定要"等带有肯定色彩的字眼儿。

有一个知名的企业在央视举办了电视招聘，有三个求职者对于海外经理一职展开了激烈的角逐，由于职位只有一个，大家显得都很紧张，但是，其中有一个应聘者，在其他应聘者说到精彩之处时，竟然很自然地为之鼓起掌来，引得台下的观众和评委也跟着鼓掌。最后，评委和企业代表一致决定聘用这位鼓掌的年轻人。

在现实生活中，很多人不懂得为别人鼓掌。在华人社会中，不懂得或者根本不习惯对别人表示肯定的人占60%以上。这种心态使得华人在全世界留下了"单干是条龙，合作是条虫"的形象。

每个人都希望得到别人的肯定，所以每个人都应该学会肯定别人。肯定与被肯定是一种互动的力量，肯定别人也就是肯定自己，"人生最美丽的互动之一，就是真诚地帮助了别人之后，也帮助了自己。"肯定是一种给予、一种理解和沟通，人与人之间彼此肯定，世界就充满了温暖与生机。

肯定别人是一种豁达的风度。人无完人，每个人都有自己的长处和短处。正确地肯定别人就会使平庸变得优秀，使自卑变得自强，让消极变得进取，使自满变得谦逊。

骏马奔千里，耕田不如牛。一个人要用健康的心态去看待别人，就会发现，周围很多人身上有值得学习和借鉴的长处。把掌声送给别人，不是刻意地抬高别人，贬低自己，更不是溜须拍马屁，而是一种大气和胸襟的体现。学会为别人鼓掌，也是在替自己的生命加油，肯定别人，你会发现外面的阳光很明媚，自己的心情很灿烂。

妙语点睛

◎肯定别人是做人的一种美德，肯定别人也就是肯定自己。

◎人生最美丽的互动之一，就是人们真诚地帮助了别人的同时也帮助了自己。

◎"海纳百川，有容乃大。"肯定别人是一种豁达的风度。

投其所好

经典案例

有一只聪明的小猴，它想进城去购物，可是却苦于无人拉车。它想啊想，终于想到了一个好办法，它在车上系上了三个绳套，一个长，一个短，还有一个长短适中。它叫来了小老鼠，让它闭上眼睛，拉上长套。又叫来小狗，让它闭上眼睛拉上短套。再叫来小猫，让它背上肉骨头，拉上那个长短适中的绳套。

小猴爬上车，然后让大家一齐睁开眼睛，小老鼠一看身后有猫就拼命地跑，小猫看见前面有老鼠就使劲儿地追。小狗看见前面猫背上的肉骨头，馋得直流口水，便使劲儿地撵。这样小猴坐在车里愉快地进城了。

举一反三

　　一个领导人要想调动团队成员的积极性，最重要的就是分析成员的不同需求，为成员设置可以看得见的目标，让他们感觉到有奔头儿，有动力。在故事中，小猴子为小狗准备了肉骨头，为小猫准备了小老鼠。这无疑是对小猫和小狗最大的诱惑，小猴很聪明，知道小猫和小狗的差别，为它们准备了不同的食物。从这个小故事中，我们推进到一个团队的管理，领导者在激励时一定要考虑不同人的不同需求，从而"投其所好"。

　　有一次，美国著名的大思想家爱默生和他的儿子要把牛迁回牛棚，两个人一前一后使了所有力气，可是牛就是不听话，不进棚。家中的女佣看到了，就过来帮忙。她拿了一些草让牛悠闲地吃着，一路喂它，一路将它引回牛棚。爱默生和儿子看得目瞪口呆，两个大男人费尽了力气没有做到的事情，女佣却轻松地做到了。

　　聪明的爱默生没有将牛赶回牛棚，而女佣却成功了，为什么？因为爱默生忘了正确地运用激励的方法——投其所好。女佣知道对于牛来说，草是它们的最爱，用草来投其所好，引导牛进入牛棚是万无一失、百试百灵的方法。

妙语点睛

　　◎要做好激励，必须记住两点：一是"要想马儿跑，就要给马儿草"；二是尽可能"投其所好"。

　　◎作为团队核心的主管，必须针对部门内员工的不同特点"投其所好"，寻求能够刺激他们的动力。每个人内心需要被激

励的动机各不相同，因此，奖励杰出工作表现的方法，也应因人而异。

　　◎投其所好是指清楚别人有什么爱好就满足他。

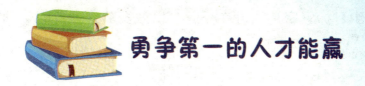

勇争第一的人才能赢

经典案例

一次，我和朋友到乡间度假，看到一位老伯将喂牛的草料铲到一间小茅屋的屋檐上，牛费力地抻着脖子在吃，我感到很奇怪，于是询问："大爷，为什么不把喂牛的草放到地上呢？这样能方便它们吃到！"

老伯说："这种草的草质不好，我要是放在地上喂它，它就不屑一顾，不会去吃。但是我放到它勉强能够到的地方，它就会努力地吃，直到吃个精光！"

举一反三

很多人都有这样的想法——"便宜没好货"，明明是物美价廉的优质商品，如果你便宜卖给他，他就会觉得这东西肯定不是好东西。

　　管理团队也是这么回事，太容易到手的东西没有人会去珍惜，很多时候，奖品再薄，官职再小，也不要轻易地给予，最好是激励成员通过竞争的手段去获得。

　　授人以鱼，不如授人以渔；授人以渔，不如授人以欲。通过设置目标来激发人的动机，引导人的行为，使被管理者的个人目标与组织目标紧密地结合在一起，以激发被管理者的积极性和主动性，这就是目标激励。

　　目标是行动所要达到的预期结果，目标和需求一起调节着人的行为。把行为引向一定的方向，目标本身就是一种行为的诱因，具有诱发、激励的功能。因此，适当地设置目标，就能够激发人的动机，调动成员的积极性。

　　人们的行为特点是有目的性的行为。有无目的性的行为，其结果是大不一样的。一般来说，没有目的性的行为无成果而言，而有目的性的行为，可取得最大、最满意的成果。任何行为都是为了达到某个目标的。目标是一种外在的对象，它既可以是物质的，也可以是精神的或理想的对象。目标又可分为个人目标和集体目标。目标是一种刺激，是满足人的需要的外在物，是希望通过努力而达到的成就和结果。合适的目标能够诱发人的动机，规定行为的方向。心理学上把目标称为诱因。由诱因诱发动机，再由动机到达成目标的过程称为激励过程。目标作为诱因对人的积极性起着强烈的激励作用。

　　在现代人事管理中，我们能通过目标的设置来激发动机，指导行为，使个人的需要与组织的目标结合起来，以激励他们的积极性。

妙语点睛

◎目标激励就是通过目标的设置来激发人的动机、引导人的行为，使被管理者的个人目标与组织目标紧密地联系在一起，以激励被管理者的积极性、主动性和创造性。

◎只要锁定目标,保持应有的自信，坚持并不断修正行动，成功只是时间问题。

◎很多人不成功是因为总是不停地更换目标。用更换目标来逃避没有达成目标的责任，这会形成习惯。

前进路上的榜样

经典案例

一天傍晚，我伫立在窗前，注视着美丽的晚霞。我的目光被一个拉车的老伯吸引住了，老伯皮肤黝黑，瘦得皮包骨，吃力地拉着三轮车。三轮车上装着很多东西，老伯单薄的身体摇摇欲坠，我有些可怜他。

意外地，有一位白裙女孩儿在车的后面帮老伯吃力地推着车，老伯的衣衫湿透了，女孩儿的衣衫也湿透了，美丽的白裙被破车弄脏了，可是女孩儿全然不顾，仍然努力地帮老伯推着车。这才是最美的风景。

到了桥顶，女孩准备离开，老伯回头说："姑娘，我就知道是你在后面帮我，要不哪能这么快到桥顶，姑娘，你是个好人，谢谢你！"

"啊，没事的，举手之劳！老伯。"说着，白裙女孩儿转身离去了。

举一反三

白裙女孩儿转身走了，微风中，小白裙自豪地摇曳着。其实，榜样就在我们身边。"榜样的力量是无穷的"，这是我们经常说的老话，一个人要发展，一个团队要发展，乃至一个国家、一个民族要发展，都不会忽视榜样的力量。

有人曾说："播撒一种思想收获一种行为，播撒一种行为收获一种习惯，播撒一种习惯收获一种性格，播撒一种性格收获一种命运。"树立榜样，我们能够时时看到奋斗的目标和参照物。榜样是一种向上的力量，是一面镜子，是一面旗帜。

一个团队一定要树立一个正面的榜样，想象一下，如果人人都像雷锋一样，社会将有享用不尽的精神财富，如果大家都像爱迪生一样，社会将会产生更多的发明创造，也会带来更多的物质财富。榜样好比人生的坐标、事业成功的向导。它带给我们的是无尽的锐气、朝气，是必胜的信念，是永无止境的力量。让我们向榜样学习，向榜样看齐，我们将无坚不摧、无往不胜！

妙语点睛

◎榜样的力量是无穷的。

◎好人的榜样是看得见的哲理。

◎命令只能指挥人，榜样却能吸引人。

负面经验就像一条铁链

经典案例

一个著名的马戏团，正在世界巡回表演，每到一个地方都会吸引成千上万的观众，其中有一个大象表演的节目，更令人拍案叫绝。

在一次演出中，有一个少年为了想更近距离地看看大象，特意跑到马戏团的后台，刚巧没有其他人，于是，他到处找大象栖身的地方。当找到大象的时候，他很奇怪地发现那头大象被一根很普通的绳子缚在一根木头旁。

这时候，一个驯兽师路经此地，发现了少年，便对少年说："你在这里干什么？"

少年好奇地问："先生，您好，我本来只是想看看这头大象，但想不到你们只用一根绳子便能制服这么巨大的象，难道你们不怕它用力一拉便逃走吗？"

驯兽师微笑着回答："你不了解！我们从小把这头象养大，当它小的时候，我们用大铁链把它锁着，每次它想逃走，只要一拉便痛得它动弹不得，久而久之，这种一逃跑就会痛的感觉会印到它脑海中，到最后便放弃了，所以现在我们只需要用一根绳子缚着它，它是不敢逃跑的。"

举一反三

在我们成长的过程中，负面的经验就好像那条大铁链一样，把我们缚着，要忘记过去，努力向前，冲破自我设限。

当我们是领导时，如果下属做错了事情，一定要告诉他具体错在什么地方，不让员工去猜，在批评时一定要对事不对人，不能在他人面前公开责备他，特别是对于女性，最好采取柔和的方法，在批评的同时加些赞美，效果会更好。

妙语点睛

◎批评不但不会改变事实，反而会招致愤恨。

◎尽量去了解别人，不要用责骂的方式，尽量设身处地去想他们为什么要这样做。这比起批评责怪要有益、有趣得多，而且让人心生同情、忍耐和仁慈。

◎经验是一种智慧，它会告诉我们，我们已养成的习惯，很可能是一个令人讨厌的老朋友。

 # 当有人对你说"不"

几年前有一名记者去一家民营企业采访。这家企业的董事长在当地非常有名气。当记者来到这个董事长的办公室时，他正坐在办公室生闷气。经过交谈才知道，上午在董事会上他再次提出要研发"果汁生产项目"，但又被否决了。

在聊起企业的管理问题时，他连连抱怨：现在的企业越来越难管了。他说："企业刚建立的时候，虽然规模小，员工文化素质不高，但是不论干什么都比较顺心，每个人都听我指辉，我说向东，没有人往西。现在倒好，规模是超大，效益也翻了几番，又招进了大批高学历的专业人才，按理说，工作应该更加得心应手了，可实际上我说的话常常有人唱反调。就说生产果汁这件事吧，一瓶汇源或是茹梦，饭店卖十几二十几元。咱这个地方什么都没有，就是有果子，要是把果汁这个项目发展起来，利润绝对能翻上几番，可几个副总就是不同意，说果汁竞争力过大，但从长远来看却……"

几年后，这位董事长在北京参加全国劳模表彰会，又与记者碰面。在闲聊时，记者问他那个果汁加工项目后来怎么样，他长吁一口气，说："幸亏当初没上，如果上了的话，现在可就背包袱了。邻县有一家企业就是上了果汁加工项目，老本儿都搭了进去。"

他感慨地说，看来企业里有人说"不"，并不见得是坏事。

举一反三

一个成功的企业背后，都有一个能人。在创业初期，这个能人凭个人的胆识和敏锐的市场洞察力，为企业赢得了市场份额。但随着改革的深入，经济体制日趋完善，经营环境发生了重大变化，新知识、新技术、新理念大量应用，竞争日趋激烈，经营风险也进一步加大。现实迫使企业向高层次转换，高层次的企业需要高层次的人才。企业若想继续在商场上占有一席之地，单靠个人的打拼显然是不行的。好的企业家首先要战胜自我、超越自我，从知识结构到经营理念进行全面更新。战胜自我很重要的一个方面就是摒弃自我为中心，察纳雅言，博采众长。

曾经有一个知名的企业家说过一句话："20年前，我是最强的，带着大家往前冲；20年后，我站在后边运筹帷幄，看着大家往前冲。"

作为企业的领导者，员工在你面前唯唯诺诺、言听计从，

并不一定是好事。当有人向你说"不"的时候，应该庆贺才对。如果你总是按过去成功的道路走下去，接下来等着你的定是死路一条。

　　一个优秀的管理人员，不在于你多么会做具体的事务，因为一个人的力量毕竟是有限的，只有发动集体的力量才能战无不胜，攻无不克。管理人士尤其要注重加强培养自己驾驭人才的能力，知人善任，在不同的情况下运用不同的方式、选用不同的人才，才有助于自己取得成功。

妙语点睛

◎良药苦口利于病，忠言逆耳利于行。

◎做人，当以今日之我，攻击昨日之我。

◎一个"敌人"往往可能是你该交的朋友，更能明确指出你的不足之处，所以你不要以"敌视"的眼光对待那些意见不同的人，因为往往能帮你把计划进一步改善的，就是这些人的意见。

领导的本质在于影响力

经典案例

有这样一个故事：有一个人去花鸟市场想买一只鹦鹉，他在摊前看到一只鹦鹉前标注：此鹦鹉会两门语言，售价200元。另一只鹦鹉前则标注：此鹦鹉会四门语言，售价400元。他纠结不知该买哪只好。两只鹦鹉都毛色光鲜，非常灵活可爱，这人拿不定主意。他突然发现一只老掉牙的鹦鹉，毛色暗淡散乱，却标价800元。这人赶紧问老板："这只鹦鹉是不是会说八门语言？"

店主说："不。"

这人奇怪了："那为什么又老又丑，又没有能力，会值这个价呢？"

店主回答："因为另外两只鹦鹉叫这只鹦鹉老板。"

举一反三

这是一个笑话，很多人都听过，这里面却彰显一个道理，那就是什么样的人才是领导者。在我们的印象中一个领导者似乎就应该是一个能力和素质等各方面都非常全面的人。事实上，真正的领导者需要有一定的专业知识，但是并不是方方面面的能力都突出。他是懂得信任、珍惜、放权、选择，懂得运筹帷幄，懂得团结那些在某些方面比自己强的人。

而另外一些人，一些优秀的人，一些能力非常强的人，他们通常要求过于完美，并且事必躬亲，觉得什么人做什么事都不如自己，到最后他们只能成为优秀的技术人员、销售精英、公关人员，却成不了优秀的领导者。

领导者要做到的就是如何让别人做事，自己不做，让别人做自己想做的事情。怎么让别人去做，并且愿意做，才是领导者要考虑的问题。

妙语点睛

◎领导力不是个人魅力，不是"交朋友"或者影响别人。领导力是让人提升视野，高瞻远瞩，把业绩提升到更高的水平上。

◎领导的本质在于影响力，给人信心，给人力量。

116

◎领导者所做的应该是鼓舞人们，给他们以力量。他们是在拉，而不是在推。如果你想领导别人，你必须做的第一件事情就是激励他们，向共同的目标努力。

领导者不一定是能力最强的

领导者一定是能力最强的那个人吗？在美国发生了这样一个真实的故事：汽车大王亨利·福特投诉一家报馆。因为报馆的一个记者报道称福特先生是一个不学无术的人。这句话强烈地触怒了福特先生，于是才有了这场官司。

众所周知，亨利·福特先生是一位美国的传奇人物，他是美国的英雄。以前，汽车是有钱人的专属物品，福特先生将汽车变得大众化，他凭借流水作业生产方法大大地降低了生产成本。

在法庭上，为了证明福特先生不学无术，主审的法官特意将法庭设计成比赛答题的形式，并提出了一些类似小学生智力竞赛似的问题，令福特先生啼笑皆非。

福特愤怒地对他们说："在我手下有大把的专业技术人才，对于这类死记硬背的东西，只要随便问一个人就能得到正确的答案。"

举一反三

从这个精彩的小故事中我们可以看出什么样的人才是真正的领导者。一个懂得回答问题的人，可以算是有学问的人，但是回答了这类问题并不能为成千上万的人改变生活，而福特先生做到了。真正有大学问的人一定是有胸襟的人，这种胸襟是可以容纳别人的胸怀，是懂得将别人的优点配置起来，并使其发挥作用。

政治家、商人和学者就有着本质的差异，一般的学者或者说是读书人，他们学问越多，就有越多偏激的道理，就越容易不合群，并对其他人有些排斥。只有从商从政的人才明白这样的一个真理，就是天下没有一成不变的道理。真正的领导者是懂得利用知识赋予的权力去改变自己，改变生活，改变世界。

要成为领导者，成就一番事业，与学历高低并无直接必然的联系，他们懂得将各种知识运用到实践中去，并懂得选拔、发现和使用人才，真正的领导者是不唯学历论的，而是靠实力来说话的。

妙语点睛

◎只有真正从下属的成功中感受到快乐的人，才能成为伟大的领导者。

◎别再沉溺于管理了，赶紧领导吧。

◎调查现实，尽管经历不同、行业不同、专业不同，卓越的领导人身上却都有着四项突出的共有素质：真诚待人，远见卓识，胜任其职，鼓舞人心。

指挥家与领导者

经典案例

马里斯·杨颂斯出生在拉脱维亚。他在2004年的秋季，成为阿姆斯特丹皇家音乐厅管弦乐团的首席指挥。他是该乐团的第六位首席指挥。与此同时，杨颂斯还担任巴伐利亚广播交响乐团的首席指挥。在欧洲十大乐团评选中，巴伐利亚广播交响乐团和阿姆斯特丹皇家音乐厅管弦乐团都榜上有名。杨颂斯被誉为"东方神话"。20世纪70年代，他师从传奇指挥大师卡拉扬和穆拉文斯基，一边和苏联当局周旋，一边在挪威的奥斯陆爱乐乐团担任首席指挥，并把这个名不见经传的乐团训练成世界知名乐团。

举一反三

杨颂斯这个名不见经传的指挥家竟然可以将一个不知名的乐

团训练成一个世界知名的乐团，从中我们不难看出指挥家和领导者有着许多相同点：

指挥家有完美的乐谱

每个指挥家在演奏开始前都会准备好自己的乐谱，并在脑海中勾勒出清晰的旋律。而演奏，就是将心中的音乐"宏愿"在现实中重现。

每一个领导者在任何一个项目开始实施前都会准备好自己的蓝图，并在脑海中勾画出清晰的画面。而执行，就是将脑海中的画面变成现实的过程。

指挥家招募最佳乐手

伟大的指挥家吸引伟大的演奏家，平庸的指挥家只能吸引平庸的演奏者，最佳的乐手愿意为最佳的指挥家工作。物以类聚，人以群分。

同样，一个伟大的领导者也会招募许多优秀的专业精英到其麾下。领导能力越强，招募人才的能力也就越强。

指挥家是可视的，每个人都能看见他

指挥家站在一个高起的指挥台上，以确保乐队中的每个成员都能看见他，每个演奏者都能够在正确的时间开始、停止，这是确保乐队和谐一致的唯一方法。

领导者则需要在整个蓝图的实施过程当中，确保每个成员都知道自己要干什么，要在什么时候开始，什么时候结束，并且协同配合，从而步调一致地完成项目。

指挥家善于授权，专注于自己的专长

指挥家并非包揽一切事务。他不负责出售门票，他不出席

（通常而言）预演，他甚至不确认乐团音调一致。他远离舞台，直到该他出场的时候，完成唯一的任务——指挥。

领导者也不是面面俱到的，他们是领导方面的精英，或者是某一方面的精英，但是决不会去事必躬亲，他们要做的就是组织和配置资源，以达到项目的稳步执行。

指挥家分享聚光灯下的荣耀

演奏结束，听众鼓掌致谢时，指挥家转向观众深鞠一躬。好的指挥家会立刻转回身，邀请乐团全体起立，向观众鞠躬。他与乐团同时分享荣耀，他知道没有乐团的参与，就根本不会有精彩的演出。

优秀的领导者在项目完成以后，也会对参与项目的成员加以奖励和肯定，因为他知道没有成员的参与，就没有将宏伟蓝图实现的可能，一个优秀的领导者也是一个懂得感恩的人。

以上几点正是一个领导者和指挥家相通的地方。领导者永远站在队伍的最前方，给成员以榜样、力量、方向、方法，使整个团队昂首阔步地前进。在领导团队的同时，领导者也一定要时刻牢记，你不仅仅是领头羊，更是指挥家。

妙语点睛

◎领导者不仅仅是领头羊，更是指挥家。

◎雨果说："音乐表达的是无法用语言描述，却又不可能对其保持沉默的东西。"指挥是一门独特的艺术，一个指挥家要做的不仅是打拍子那么简单，更重要的是他要把音乐的情感传递给

乐队，传达给观众，让他们感受到其中的魅力。

　　◎领导者是团队的核心，是从全局角度把握整个团队方向的人。

借用别人的力量做自己的事

经典案例

南宋年间，山民叛乱，县令为了打败叛军，调集了大批人马，严加守备，一天天亮前，探子来报说，大批叛军即将杀到。县令派手下即刻率兵出战，手下问："士兵还没吃早饭怎么打仗？"

县令说："你们尽管出城作战，早饭随后送到。"

县令并没有说空话，但是也没有组织人手做饭，而是带着差役提着木桶，挨家挨户买饭，当时城中的百姓正在做早饭，一听说县令大人为了出征的将士来买饭，便将刚刚做好的饭菜端出来。县令付足饭钱，派人将热气腾腾的饭菜送到了前线。这样既没有耽误军情，又让前线的战士吃了饱饭，打了一个漂亮的胜仗。

举一反三

县令没有亲自去做饭，也没有兴师动众地组织人员去做饭，他借用别人的力量做了自己的事。从县令买饭这一举措上，并没有什么特别高明的地方，却取得了很好的效果。我们从中可以看出作为领导者应具备的素质。

一个领导者，想成为优秀的管理人员，不是要做多么具体的事，毕竟一个人的能力是有限的，只有发动集体的力量，才能战无不胜，攻无不克。

作为领导者一定要努力培养自己，驾驭别人的能力和水平，了解什么样的力量可以帮助自己取得成功。

四两拨千斤，聪明的人总会利用别人的力量获得成功。领导者最大的本事是发动别人做事。

妙语点睛

◎四两拨千斤，聪明的人总会利用别人的力量获得成功。

◎在你努力影响另一个人的行为的时候，你就在从事领导活动。

◎领导的首要职能是能够产生充满活力的行为，不是通过逼迫而是通过满足人们的基本需求来行使职能，包括成就感、归属感、得到承认、自尊，控制个人生活的感觉和实现个人的理想。

认清自己才能走向成功

经典案例

某一处的深山有一个寺院，寺中有一头驴。为了提供僧人的食物，它日复一日在磨坊里辛苦地工作，终于有一天，它厌倦了这种枯燥的生活，想下山看看外面的世界。

有一天，僧人带驴子下山买东西，它快乐地随行。当到集市买完东西后，僧人将东西放在驴背上，准备返回寺院，没想到，当路人看到驴子后都虔诚地跪在两侧，顶礼膜拜。

开始驴子非常疑惑，不知道那些人为什么要对它顶礼膜拜。不久，它就对世人的这种膜拜开始飘飘然了，心想原来自己这么受欢迎，大家都这么崇拜它。当再有人路过的时候，它就会趾高气扬地走在道路中间，心安理得地接受世人的膜拜。

回到寺院后，驴子还沉寂在世人对它的膜拜中，它再也不肯拉磨了，觉得自己是那么高贵，想继续下山受世人的膜拜，僧人无奈，只好将其放下山。

驴子下山后，便四处寻找人群，它要接受更多人的膜拜。它远远地看到一队人敲锣打鼓迎面而来，心想这一定是来迎接它的，于是便大摇大摆地站在队伍前面。这是一队迎亲的队伍，却被一头驴拦住了去路，人们无比愤怒，将驴子痛打一顿，驴子仓皇逃脱，跑回寺院，它气冲冲地对僧人说："人心真是险恶，之前还对我顶礼膜拜，今天却对我痛下毒手。"

僧人叹息道："你真是头蠢驴，那天，世人膜拜的不是你，而是你背上的佛像。"

举一反三

人生最大的不幸就是一辈子都认不清自己，有些人总是认为自己怀才不遇，总是把失败的责任归于他人，其实，是他自己没有认清自己，没有找到自己的不足。有时认清自己比认清世界还要难。我们应该养成一个习惯，每天照镜子的时候，问问自己："我是谁，应该注意自己的哪些问题。"每天都要看清自己，这是非常重要的。

妙语点睛

◎认清自己才能走向成功。

◎人生最大的不幸是迷失自我。

◎做错事后，才对自己的问题进行反思，不如每天早上起来的时候先认清自己。

相信自己才能实现理想

经典案例

小老鼠奇奇从一间房子里爬出来，当它抬起头看到高悬在空中并放射着万丈光芒的太阳时，它十分感慨地说道："太阳公公，你真是太伟大了！"

太阳说："等一会儿乌云姐姐出来，你就看不见我了。"

过了一会儿，乌云出来了，将太阳遮住。

奇奇又对乌云说："乌云姐姐，你真是太伟大了，连太阳都被你遮住了。"

乌云却说："等风姑娘一来，你就明白谁最伟大了。"

一阵狂风吹过，云消雾散，万里晴空。

奇奇情不自禁地说："风姑娘，你才是世界上最伟大的。"

风姑娘有些悲伤地说："你看到前面那堵墙了吗？我都无法

将它吹倒！"

奇奇爬到墙边，十分景仰地说："墙大哥，我终于明白了，你是世界上最伟大的。"

墙皱皱眉，十分尴尬地说："你自己才是最伟大的，你看，我马上就要倒了，这都是因为你的兄弟在我下面钻了好多洞！"

果真，墙摇摇欲坠，墙角下面跑出来一只又一只小老鼠。

举一反三

很多人小的时候都听过这个故事。其实在世界上我们每个人都是独一无二的，我们能诞生到这个世界上，本身就是奇迹，都是自然界最伟大的造化。每一个人的长相、性格都不一样，即使是双胞胎，也会有不一样的地方。物以稀为贵，所以只有正确认识自己的价值，对自己充满自信，不断发挥自身的潜力，才能将我们生存的意义充分体现出来。只有相信自己，才能去实现自己的理想。

记住：你生来就是一名冠军！你是天生的赢家！

妙语点睛

◎不要去崇拜别人，其实自己才是最伟大的。

◎不论自己生长的环境有多糟，都不要放弃自己，因为你在这个世上是独一无二的。

◎要成为一个伟人，首先要有自信。

失败是成功之母

明朝末年，著名史学家谈迁呕心沥血二十多年终于完成了明朝编年史——《国榷》。在面对这部巨著时，谈迁心中的喜悦可想而知。然而他并没有高兴多久，就发生了一件意想不到的事情。

一天夜里，有一个小偷进入他家准备偷东西，当看到家徒四壁，无物可偷时，小偷十分疑惑，才高八斗的谈迁竟然什么都没有，他再次仔细查找，发现了锁着《国榷》原稿的竹箱，他以为是值钱之物，就把整个竹箱偷走了。从此，这些珍贵的书稿下落不明。

二十多年的心血转眼之间就化为乌有，这样的事对任何人来说都是致命的打击。对于年过六旬、两鬓斑白的谈迁来说，更是一个无情的重创。但是谈迁没有被击倒，很快就从痛苦中站了起来，下定决心从头撰写这部史书，一定要让这部著作流传千古。

谈迁又继续奋斗了10年，又一部《国榷》诞生了。新撰写的《国榷》共有104卷，字数达到500万之多，内容比原先的那部更翔实、精彩，谈迁也因此名垂青史。

英国史学家卡莱尔也遭遇了类似事情。

卡莱尔经过多年的努力，终于完成了《法国大革命史》的全部文稿。他将这本巨著的底稿全部交给他最信赖的朋友米尔，并请米尔提出宝贵的意见，将文稿进一步完善。

没过几天，当卡莱尔打开门，看到脸色苍白、满头大汗的米尔。米尔无比痛苦地向卡莱尔说出一个悲惨的消息：《法国大革命史》的手稿，除了少数几张散页外，其余的都被他家里的女佣当作废纸，丢进火炉里烧为灰烬了。

卡莱尔在突如其来的打击面前异常沮丧。当初他每写完一章，便随手把原来的笔记、草稿撕得粉碎，当作庆祝。他呕心沥血撰写的这部《法国大革命史》，竟没有留下任何可以挽回的记录，对于他来说，天都要塌了。

但是，卡莱尔还是重新振作起来。他平静地说："这一切就像我把笔记本拿给小学老师批改时，老师对我说：'不行！孩子，你一定会写得更好！'"

他又买了很多稿纸，又一次呕心沥血地开始写作。我们现在读到的《法国大革命史》，便是卡莱尔第二次写作的成果。

举一反三

当自己的努力付诸东流，是一件最令人绝望的事情，但是只

要你能够从头开始，生命中就不存在绝望。我们在实现梦想的过程中，不可能一帆风顺，事事都按照我们的计划进行，失败是不可避免的，只有在失败中不断地站起来，不断地找回自我，才能最终实现梦想。

妙语点睛

◎做任何事情都不能半途而废，否则将一事无成。

◎失败是成功之母，没有失败哪来的成功。

◎失败并不可怕，可怕的是被失败打倒。

困境在一定程度上是成功的动力

经典案例

有一天，一个农夫的驴子不小心掉进一口枯井里，农夫绞尽脑汁，想各种办法要救出驴子，但自己又觉得所有办法都不可行，几个小时过去了，驴子还在井里痛苦地哀号着。

最后，这个农夫决定放弃，他想这头驴子年纪大了，大费周章地把它救出来也活不了多长时间。不过无论如何，这头驴子跟了自己好多年，不能让它痛苦地死去，还是将这口井填起来，于是农夫便请来左邻右舍帮忙，想将井中的驴子埋了，免除它的痛苦。

农夫的邻居们开始将泥土铲进枯井中，当这头驴子了解到自己的处境时，它哭得很凄惨，它不相信主人会这样对它。过了一会儿，这头驴子突然安静下来了，农夫好奇地探头往井底一看，

出现在眼前的景象令他大吃一惊，当铲进井里的泥土落在驴子背部时，驴子竟然将背上的泥土抖落在井底，然后站到铲进的泥土堆上面，就这样，驴子将大家倒在它身上的泥土全数抖落在井底，然后再站上去，很快这头驴子便上升到井口，然后在众人惊讶的表情中快步地跑开了。

举一反三

人生必须渡过逆流才能走向更高的层次，最重要的是不能看轻自己，要对自己有信心。就如驴子的情况，在生命的旅程中，有时候我们难免会陷入"枯井"中，会有各式各样的"泥沙"倾倒在我们身上，如果想从"枯井"中脱困而出，其秘诀就是将这些"泥沙"抖落，然后站到上面去。

事实上，我们在生活中所遭遇的种种困难、挫折，就是加在我们身上的"泥沙"，换个角度看，它们其实也是一块块垫脚石，只要我们不惧怕它们，将它们放在脚下，然后站上去，那么即使是遇到再困难的事情，我们也能迎刃而解。如果我们以肯定、沉着、稳重的态度面对一切困境，最终一定能实现自己的目的，其实困境往往是成功的动力。

妙语点睛

◎在遇到困境时，一定要沉着、冷静地面对它。
◎困境在一定程度上是成功的动力。

低姿态做人

在秦始皇陵兵马俑博物馆，看到了那尊被称为"镇馆之宝"的跪射俑。我仔细观察这尊跪射俑，左腿蹲曲，右膝跪地，右足竖起，足尖抵地。上身微左倾，两手在身体右侧一上一下做持弓弩状。秦兵马俑坑至今已经出土了大量陶俑，除跪射俑外，皆有不同程度的损坏，需要人工修复。而这尊跪射俑是保存最完整的，仔细观察，就会发现连衣纹、发丝都清晰可见。

跪射俑何以能保存得如此完整？导游说，这得益于低姿态。首先，跪射俑身高只有1.2米，而普通立姿兵马俑的身高都在1.8米至1.97米之间，兵马俑坑都是地下坑道式土木结构建筑，当棚顶塌陷、土木俱下时，高大的立姿俑首当其冲，低姿的跪射俑受到的损害就小一些。其次，跪射俑做蹲跪状，重心在下，增强了稳定性。

举一反三

学会在适当的时候，保持适当的低姿态，绝不是懦弱和畏缩，而是一种聪明的处世之道，是人生的大智慧、大境界。说是简单，做起来却很难，往往因忍不住一口气而坏事。

妙语点睛

◎低姿态做人，主动趴下，匍匐前进，这就是我最明智的选择。因为自己先"倒下"了，别人就无法再使你跌倒。

◎今天是威风凛凛的公鸡，明天有可能成为威风扫地的鸡毛掸子。

◎真水无香，不要用表面华美的光环去装饰自己的外表，掩饰自己空虚的心灵。

克服困难，成功就在前方

经典案例

有个渔民的捕鱼技术非常高超，被附近的人尊称为"渔王"。"渔王"年老的时候非常苦恼，因为他的三个儿子的捕鱼技术都很一般。

于是他经常向人诉说心中的苦恼："我是真的不明白，我捕鱼的技术这么好，我的儿子为什么这么差？我从他们懂事起就传授他们捕鱼技术，从最基本的东西开始教，告诉他们怎样织网才最容易捕到鱼，怎样划船不会惊动鱼，如何撒网才最容易请鱼入瓮。等他们长大了，我又教他们怎样识潮汐、辨鱼汛……凡是我这些年总结出来的经验，我都毫无保留地传授给他们，可他们的捕鱼技术竟然赶不上技术比我差的渔民的儿子，我真是太不理解了。"

一个路人听了他的诉说后，便问他："你一直是手把手地教导你的孩子吗？"

"是的，为了能够让他们学到一流的捕鱼技术，我亲力亲为，很耐心地教导他们。"渔民答道。

路人说："他们一直跟随着你吗？"

"是的，为了让他们少走弯路，我捕鱼的时候一直让他们跟着我学。"渔民答道。

路人说："从你的教育方式看，你的错误很明显，你只是将技术传授给了他们，却没传授给他们教训，对于才能来说，教训和经验都是不可缺少的，都是成为人才的必备条件。"

举一反三

在人的一生中，有成功，就有失败，有收获，就有教训。在学习知识的过程中，不应只是学习知识，还要学习与当前知识相关的错误。这样才能更深入地了解知识的本质。

人生与教训是密不可分的，少年时学骑自行车都会经常跌倒，跌倒后有时也会受伤，但不要因为一时失败而放弃。人生既有顺境，也有逆境，对于一个有智慧的人来说这些经验都是最宝贵的，都能够从中得到成功的经验。要知道世间很多事不是一蹴而就的，都要经过无数挫折，只有重新站起来了才会成功。失败是成功之母，成功属于意志坚强、能坚持到底的人。我们在遇到失败时，不要去不断地抱怨，要怀着一颗感恩的心去面对失败。

当我们跌倒的时候，要学会自我检讨，重新出发；遇到困难的时候，要冷静分析，看清目标。只要能克服困难，成功就在你的前方。

妙语点睛

◎有时候经验并不是别人传授给你的，而是自己去体验才能得到。

◎失败是一种经验，并不是让你去放弃。

◎ "失败是成功之母"，没有失败，哪有成功。

成功的机会留给有准备的人

经典案例

小张在一家合资公司做白领，总是觉得自己怀才不遇，没有得到赏识。他经常想：如果有一天能遇到老板，展示一下自己的才能，一定会得到重视。

小张的同事小李，也有同样的想法。他并没有空想，而是去打听老板上下班的时间，算好他大概会在何时进电梯，并希望见到老板后能有机会打个招呼。

而他们的同事小王，详细地了解老板的奋斗历程，查找老板毕业的学校、人际关系以及关心的问题，并精心设计了几句简单却有分量的话。他在算好的时间去乘坐电梯，跟老板打了几次招呼后，终于有一天跟老板长谈了一次，不久就争取到了更好的职位。

举一反三

"凡事预则立，不预则废。"也就是说，无论何事，要想做好，必须预先做好准备。准备是成功的必要条件，它是一个过程。获得成功的人，一定都是有准备的人。准备是抓住机遇的前提，如果没有准备，机遇来到时，也会溜走，在做任何事情时，都要不懈努力。时刻准备着，成功就会对你招手，成功永远属于有准备的人。

妙语点睛

◎成功的机会是留给有准备的人。

◎成功并不是天上掉下来的，成功只会青睐有准备的人。

◎只有时刻做好充分的准备，才有可能在机遇到来的时候将它牢牢抓住。

了解你的团队

经典案例

公司专门派来一位整顿业务的新主管，大多数同事都很兴奋，但是，新主管来了好多天了，丝毫没有作为，只是每天待在办公室里，难得出门。原来紧张得要死的一些人，反而更猖獗了，他哪里是什么能人啊！只不过是个老好人而已，似乎比以前的主管更加容易糊弄。

4个月过去了，新主管发威了，有能力之人都纷纷获得提升，没能力之人也纷纷得到处理，下手果断，断事准确。与之前保守的他形成了鲜明对比。

公司聚餐上新主管在致辞中说了这样一段话："相信大家对我上任后的表现和后来大刀阔斧的改革，一定有些不解，下面听我讲个故事，大家就明白了。"

"我有个好朋友，买了一栋带院子的房子，在搬进去以后，就开始将院子里的花草进行清理，并种上自己新买来的花卉。某日，原来的主人回访，惊诧地问：'我原来那些名贵的花卉品种都哪去了？'这时，我的这位朋友才意识到，他居然将名贵的品种也当野草给处理掉了。后来当他再买房子的时候，即使院子里十分杂乱，他也是按兵不动，一年过去了，他才认清哪些是无用的植物，并将它们彻底铲除，而珍稀的草木也得到了保护。"

讲完故事，新主管举起杯来说："让我敬在座的各位一杯！如果这个部门是个大花园，你们就是珍稀的花，珍稀的花不可能一年到头总是开花结果，只有经过长期的观察才认得出啊。"

举一反三

领导者非常清楚什么时候、什么人最适合什么工作，什么时候该用什么人，什么时候不该用什么人，这一点，是常人无法望其项背的。一个领导者的主要任务就是找到合适的人，并把他们放在合适的位置上，然后鼓励他们完成手头上的工作。

作为一个领导者一定要了解每个人的长处和短处，并且将他们用在合适的位置。在一次宴会上，唐太宗问王珪："你特别善于鉴别人才，你从房玄龄开始，将这里的每个人都做个评价，说说他们的优缺点，并说一下你哪些方面比他们优秀！"

王珪说："房玄龄，办公孜孜不倦，一心为国，凡所知道的事情，没有不尽心尽力去做的；魏徵，敢于向皇上直言进谏，认为皇上能力德行比不上尧舜，很丢面子；李靖，文韬武略样样精通，既可以带兵打仗，又可以管理朝廷。至于批评贪官污吏、表

扬清正廉洁、疾恶如仇等方面，我也有一技之长。"

唐太宗非常赞同王珪的说法，群臣们也觉得王珪道出了他们的心声。从王珪的评论中可以看出来，在唐太宗的这个团队中每个人都有自己的长处，更重要的是唐太宗将这些人的长处应用在适当的位置上，使其能发挥自己的长处，使整个国家更加强盛。

一个企业的发展，不可能只靠个人英雄主义，而是要靠一个团队的组织运作。作为领导者一定要学会如何组织团队，如何掌握及管理团队。企业的组织运作应该以每个人的专长为思考点，并将其安排在适当的位置上，根据团队成员的优缺点，做出适当的调整，让团队发挥出最大的效能。

一个团队的领导者要做的事情就是知人善任，给团队提供一个平衡、合作的工作组织架构。

妙语点睛

◎一位最佳领导者，是一位知人善任者，而在下属甘心从事其职守时，领导者要自我约束，不干涉他们的工作。

◎世不患无才，患无用之道。

◎宁可不识字，不可不识人。

尊重别人是一种崇高的道德表现

经典案例

日本松下电器的总裁松下幸之助在一家餐厅吃饭，一行6人都点了牛排。主餐吃完，松下让助理去请主厨过来，还特别强调："是主厨，而不是找经理。"助理注意到松下的牛排只吃了一半，心想一会儿的场面一定会很难看。

主厨知道这个情况很紧张，因为他知道这个客人来头不小。"是不是牛排有什么问题呢？"主厨紧张地问。

松下说："牛排没有问题，而且味道真的很好，我只吃了一半，不是你厨艺的问题，而是我已经80岁了，胃口不如从前了。我请你过来是想当面告诉你，我担心当你看到吃了一半的牛排时心里会难过。"

举一反三

　　故事说到这里，如果你是那位主厨，你心里会有什么样的感受呢？是不是跟我一样感觉备受尊重？在场的每一位客人都很佩服松下的人格，更加乐意跟他做生意了。

　　时时刻刻真诚关怀下属的领导，将完全俘虏下属的心，并会让下属心甘情愿地为之赴汤蹈火。对别人表现出真诚的关怀和善意，比任何礼物都会产生更大的效果。一个不懂得尊重他人的人，决不会得到别人的尊重。就像你对着大山喊话，你对它表示友好，它同样对你表示友好。在同学之间的相处中，你的处事待人态度，决定了别人对你的态度。只有学会了尊重别人，才能得到别人的尊重。

　　有一个纽约的商人看到一个衣衫褴褛的扇子推销员，出于怜悯，塞给他100元钱，不一会儿他又回来取走了几把扇子，并抱歉地解释说自己忘了拿扇子，他说："你跟我一样都是商人！"几个月后，他们再次相遇，那个卖扇子的人已经成为经销商，他充满感激地说："谢谢你给我尊严，你告诉我，我是一个商人！"

　　尊重别人是一种崇高的道德表现，给需要帮助的人力所能及的帮助，这一点很多人都可以做到，可是在帮助别人的同时还要记得不要伤害别人的自尊，在这一点上，这个纽约商人的确做得很让人敬佩，因为他更懂得尊重他人，对他人的尊重不仅仅可以使自己的心灵得到震撼，更可以使他人重拾自信。纽约商人的几句话让卖扇子的推销员从阴影中解脱出来，自信地踏上经商之路。尊重他人可以让自卑的人重新找到自信，甚至可以改

148

变一个人的一生。尊重他人为陷入失败和黑暗中的人们指引了前进的道路；反之，对别人不尊重，伤害他人的自尊，就容易埋没一个天才。

妙语点睛

◎尊重他人是一种高尚的美德，是个人内在修养的外在表现。

◎别抱怨别人不尊重你,要先问问自己是否尊重别人。

◎施于人，但不要使对方有受施的感觉；帮助人，但给予对方最高的尊重。这是助人的艺术，也是仁爱的情操。

◎人受到震动有种种不同：有的是在脊椎骨上；有的是在神经上；有的是在道德感受上；而最强烈的、最持久的，则是在个人尊严上。

天才在肯定和赞美中诞生

经典案例

有个小女孩儿因为长得又矮又胖，被老师排挤在合唱团之外。小女孩儿躲在公园里伤心地流泪。她想："为什么我不能去唱歌呢？难道我真的唱得很难听吗？"想着想着，小女孩就低声唱起来，她唱了一首又一首，直到唱累为止。

"唱得真好听！"这时，一个声音响起来，"谢谢你，小姑娘，你让我度过了一个愉快的下午。"说话的是一个满头白发的老人，他说完后站起身来独自走了。

许多年过去了，小女孩儿变成了大女孩儿，长大的她美丽妖娆，而且是有名的歌星。她忘不了公园靠椅上的那个老人。一个冬天的下午，她特意到公园找老人，但是她失望了，那里只有一把孤独的靠椅。后来一个知情人告诉她："老人已经死了，他是

150

个聋子，而且聋了20年了。"小姑娘惊呆了！那天屏声静气听她唱歌并热情赞美她的老人竟然是个聋子！

举一反三

一次不经意的赞美改变了一个人一生的命运。人人都渴望被人赞美，因为这是人的基本心理需求。试想一下：如果小女孩儿没有得到赞美，也许她会一直自卑下去，甚至失去生活的勇气。专家认为，赞美是认知行为的催化剂，它能刺激大脑皮层兴奋起来，调动人体各系统的积极性，从而激发人的潜能。

团队里的每个人都有自尊心、上进心、表现欲，每个成员都渴望得到领导的表扬，得到认可。优秀的领导者要善于挖掘每个团队成员身上的闪光点，适时适度地给予真诚的鼓励和赞美。请不要吝惜我们的赞美，赞美犹如清泉，可滋润团队成员干涸的心田；赞美是定心丸，会笼络团队成员不安的心。赞美是一缕温暖的阳光，是冬天里的一把火，给人以温暖，激励人奋勇向前。

卡耐基说："如果你想让他成为什么样的人，那就按那样的方式去高度赞扬他。""我赞成鼓励别人工作，因此我乐于称赞，而讨厌挑错。如果我喜欢什么的话，就是嘉许、称道。"不仅如此，卡耐基甚至在他的墓碑上也不忘称赞、激励他的下属，他为自己撰写的碑文是："这里躺着的是一个知道怎样跟他那些比他更聪明的属下相处的人。"

著名心理学家马斯洛将需求分成五个层次，人都有对尊重的需要。赞扬团队成员，就是对成员最好的尊重，要想充分发挥员

工的才能，最好的方法就是赞美和鼓励。表现优异的成员应该得到赞美，表现差劲儿的也不能忽视，更应该用赞美鼓励他们。哪怕是成员取得的一点点进步，也要及时地表示祝贺和赞美，在情况不妙时，赞美更显得珍贵和鼓舞人心。

赞美，就像一支火把，能照亮别人的生活，也能照亮自己的心田，有助于发扬被赞美者的美德和推动彼此间关系的发展，更可以消除人际间的龌龊和怨恨。赞美固然很好，但若一味地滥用，不仅起不到激励作用，还会给人一种没主见、随大溜儿、不真实的感觉，这样下去，自然就没有了领导者应有的威严。因此，在运用赞美时，要做到以下几点：

1.赞美要找出值得赞美的事情。

2.赞美要真诚。

3.赞美最好能配合你关爱的眼神和肢体语言。

4.赞美要及时，一发现优点就立即赞美他，为他打气。

5.当然，赞美要讲究语言表达技巧。

妙语点睛

◎一个永远也不欣赏别人的人，也就是一个永远也不被别人欣赏的人。

◎所有的天才都是在肯定和赞美中诞生的。

◎说句好话轻而易举，只需要几秒钟，但是功效却是巨大的，有时甚至能让一个人受益终生。

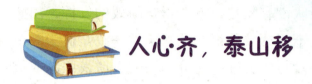

人心齐，泰山移

经典案例

传说人类的祖先最初是讲同一种语言的。他们在长江流域，找到了一块非常肥沃的土地，于是他们在那里定居下来，建造了繁华的城池。后来人们的日子越过越好，于是想修筑一座通天的高塔，用来传颂人们的赫赫威名，并用以集结天下所有的兄弟。

因为大家的语言是相通的，所以大家可以齐心协力，通天塔的建造非常顺利，很快就高耸入云。玉皇大帝得知此事后，非常震惊，震惊之余又觉得愤怒异常，因为玉皇大帝是不允许凡人到达自己的高度的。他看到凡人心齐一致，心想，凡人用一样的语言，就能建造起如此巨塔，日后还有什么事情干不成呢？于是玉皇大帝想让人们语言不通，使人世间发生混乱。

不久，人类开始使用不同的语言，语言上无法沟通，思想上

无法统一，就难免出现猜疑，大家各执己见，争吵不休，修筑通天塔的工程也因此停止了，人类的力量消失了，通天塔也半途而废了。

举一反三

一个团队没有默契，就会影响绩效的发挥，团队不能进行有效的沟通就不能达成共识，无法步调一致。作为一个领导者，要善用各种手段与成员进行充分的沟通，激发团队成员发表意见，参与讨论，汇聚各种经验与知识，这样才能凝聚团队的共识，才能激发成员的力量，让成员心甘情愿地为公司打造通天巨塔。

古人说："人心齐，泰山移。"意思是只要人们心向一处，共同努力，就能发挥出移动泰山的巨大力量，就能够克服任何困难。

人心齐，意味着组织内部团队的每个成员都有一个共同的目标。共同的目标是将每个人和组织结合在一起，激发每个人对目标追求的动力，犹如组织的灵魂笼罩在组织的上空，产生聚沙成塔的崇高目标和万众一心的力量。

从阿波罗登月到"神十"升空，依靠明细分工与通力协作，人类完成了一个又一个奇迹。在没有统一的方向、不重视整体配合的团体中，个人的力量、个人的智慧往往会被冲抵、被销蚀、被浪费，再聪明的个人、再艰辛的努力，都不能有效地转化为团队的力量。

人心齐，意味着团队内部有机组合和整合，意味着一加一产生大于2的协同效果。一个团队并非等于简单的个人的叠加，现在，社会分工越来越精细化和专业化，一个能力再强的人，也无法包揽一切，只有协同合作，才能创造更大的价值。

妙语点睛

◎一根筷子容易折，十双筷子折不断。靠的是什么？靠的就是团结，靠的就是集体。

◎"人心齐，泰山移"的内核就是心往一处想，劲儿往一处使。

◎要实施成功的管理，管理者不应一个人唱独角戏，而要让大家一起唱，要牢记集体的力量。

"信任"会让生活更美满、更幸福

经典案例

有一个监狱的犯人在外出修路时，捡到了1 000元钱，他不假思索地把它交给了狱警。可是，狱警却轻蔑地对他说："你别跟我来这套，变着花样儿想贿赂我，来换取减刑，你们这号人我见得多了，就是不老实。"因犯万念俱灰，心想，自己诚心改造却被人污蔑，这个世界上，再也不会有人信任他了。晚上，他越狱了。

在逃亡途中，他大肆抢劫钱财。在抢得足够的钱财后，他乘上开往边境的火车。火车上人很多，他只好站在厕所旁。

这时，有一个十分漂亮的姑娘要上厕所，关门时却发现门锁坏了。她走出来，对他说："先生，你能为我看一下门吗？"他一愣，看着姑娘真诚、信任的眼神，他点点头，姑娘进了厕所。

而他像一个忠诚的卫士一样，认真地守着门。

突然他改变了主意。停车后，他下车了，到车站派出所投案自首。

举一反三

这是一个听来的故事，但是我乐意相信它就是真的。因为在这个世界上，信任是弥足珍贵的，没人能够用金钱买到，也没人可用武力争取到，它来自一个人的灵魂最深处，是活在人类灵魂里的清泉，它可以拯救一个人的灵魂，让心灵充满纯洁和自信。

信任就像一缕春风，让枯藤绽出新绿；信任就像一条纽带，联结了无数的心灵。信任又像绽放的花朵，需要友爱的空气，忠诚的阳光，关切的雨露。

16岁的女儿不知道从什么时候起，抽屉上多了一把锁，而且经常半夜房里的灯还亮着。

有一天，妈妈亲眼看见女儿神神秘秘地拿着一个小盒子放在那个带锁的抽屉里。妈妈不经意地问了女儿一声，女儿神秘地说："保密！"

妈妈帮女儿打扫房间，发现垃圾桶里有一团被女儿揉得皱巴巴的纸，妈妈好奇地捡起来一看，上面写着"我爱你……"，后面还有些字，但是被墨水弄脏，看不清了。妈妈非常吃惊，她想起了每天晚上，女儿房里的灯亮着，还有女儿拿着的盒子，上锁的抽屉。妈妈觉得女儿有些不对劲儿，但妈妈又马上想："不！我要相信我的女儿，她不会……一定是我弄错了，我坚决相信我的女儿。"

以后几天，妈妈都没有"监视"女儿，仍像往常一样对待女儿。

直到一天晚上，女儿早早回到家里，帮妈妈做家务，还亲自下厨，炒了妈妈最喜欢吃的菜。吃饭的时候，女儿从房里拿出了一个盒子和一张卡片，妈妈非常吃惊，因为女儿手里的盒子正是那天女儿神神秘秘放进抽屉的盒子。女儿依偎在妈妈的背上，拿出卡片，深情地读着："妈，我爱你，如果我是荷花，您就是为荷花遮风挡雨的荷叶……"

女儿读完后，笑着说："妈，今天是您的生日，这段话是我反复修改后写的，这个礼物是我用零花钱买的，送给您，祝您生日快乐！"顿时，妈妈全明白了，那灯、盒子，妈妈都明白了。

妈妈非常感动，也觉得对不起女儿，于是把她原来的想法告诉了女儿。女儿听完后，笑着说："妈，您不是没偷看我的抽屉吗，而且您仍然信任我啊，只'想想'没关系。"妈妈得意地笑了，因为她庆幸当初只是"想想"。

信任是人与人沟通的必要条件，人生之幸，莫过于被人信任；人生之憾，莫过于失信于人，"信任"会让生活更美满、更幸福。

妙语点睛

◎信任是开启心扉的钥匙。

◎你身上最可贵的宝石，是别人对你的信任。

◎任人之道，要在不疑。宁可艰于择人，不可轻任而不信。

158

人与人之间应彼此真诚相待

经典案例

一个著名的舞蹈团，每天都有表演，在表演之前必须进行排演、练习，这是团员们每天例行的工作。

有一位白发苍苍的老者每天都会来到彩排现场，独自坐下，全神贯注地观看彩排，日复一日，年复一年，从未缺席过。团员们心想：既然她年纪已这么大了，又是默默地看，从不捣乱，就随她吧！于是，老者成为彩排时的唯一观众。

团员中有一个善良的女孩儿，看到老者每天来当观众，而且风雨无阻，内心无比感动。有一天，排练后，她从舞台上走下来，走到老者的面前，很亲切、温柔地拍拍老者的肩膀，发自内心真诚地关怀、问候，并感谢老者每天在台下鼓励他们。

老者是一位孤独的老人，有这么一位可爱、善解人意的女

孩儿给她殷切的关怀及温柔的爱，老者很高兴，也很感动。之后，她还是每天准时到场观看，并且特别注意那位善良女孩儿的舞姿。

直到有一天，老者没有再来观赏彩排，台下少了熟悉的慈颜，大家的心中都充满疑惑。不久，有一个律师，手里拿着一封信和一张保险单，到舞蹈团来找这位女孩儿。他说，老人在几天前去世了，她生前留下了一份遗嘱。内容是：她年轻时也是一个歌舞艺人，但是老来孤苦伶仃，没有亲人，所以唯一的生活乐趣是坐在观众席看别人排演，这样就可以回忆起年轻时的风光。虽然她坐在台下享受美好的回忆，却还是孤零零一个人。直到有一天，有位女孩儿走到台下，给她一份温馨的问候，让她感受到亲切的关怀，所以她决定将遗产赠予这位善良的女孩儿。

举一反三

其实钱财并不是最重要的，最令人感到欣慰的是，女孩儿能心存善念，愿意真诚地关怀身边的人。社会上黑暗的角落里，不知有多少孤苦无依的老人，期盼有人关心和照顾，我们应伸出温暖的手，抚拍他们的肩膀，握握他们的双手，表达最真诚的关怀，即使只是一句问候，对一个孤独寂寞的老人家来说，也是非常温暖欣慰的！

如果我们想结交真心的朋友，就要先诚心地为别人做些事情。当温莎公爵还是威尔斯亲王的时候，曾有一次计划到南美旅行。旅行之前，他花了好几个月时间学习西班牙文，为了能够在当地的公开演出时用上。南美洲的人因此特别敬爱他。

　　总之，无论面对任何人，我们都要勇于"表达"一份真诚的关怀，不要只放在心中，要表现在行动上，这样才是真正幸福、有意义的人生。

　　人与人之间，应该彼此真诚地相待。如果能以"和颜悦色""柔声软语"待人，就会给别人留下良好的印象。除此之外，最重要的是"关心"，若能时时用诚恳的心关怀别人，则会让人永铭于心。

妙语点睛

　　◎真诚地关心，让别人心里那股高兴劲儿就像清晨的小鸟迎着春天的朝阳一样。

　　◎关心他人与其他人际关系的原则一样，必须出于真诚。不仅付出关心的人应该这样，接受关心的人理当如此。

合作是成功的基础

经典案例

大雁有一种合作的本能，它们飞行时一会儿排成一个"一"字，一会儿排成一个"人"字。这些大雁，飞行时定期变换领导者，因为为首的大雁在前面开路，能帮助它两边的雁形成局部的真空，以减少飞行的阻力。科学家发现，雁以这种方式飞行，要比单独飞行多出12%的距离，飞行的速度却是单独飞行的1.73倍。领头雁还时常发出叫声，以此鼓励其他大雁不要掉队。当领头雁感觉疲倦无力时，另外的大雁会及时补上，以此保持飞行的速度。大雁就是通过这种团结协作的精神才完成长达一个月甚至两个月的飞行。

举一反三

合作可以产生1加1大于2的倍增效果。据统计，诺贝尔获奖项目中，因协作获奖的占三分之二以上。在诺贝尔奖设立的前25年，合作奖占41%，而现在则跃居80%。

分工合作是许多优秀领导者所提倡的管理方法之一。如果我们能把容易的事情变得简单，把简单的事情变得很容易，我们做事的效率就会倍增。合作是简单化、专业化、标准化的一个关键，世界正逐步向简单化、专业化、标准化发展，于是合作的方式就理所当然地成为这个时代的产物。

一个由相互联系、相互制约的若干部分组成的整体，经过优化设计后，整体功能能够大于部分之和，产生1+1>2的效果。一个团队，如果不能做到分工合作，只是一盘散沙，难成大器。

有一个著名的木桶定律：一只木桶盛水的多少，并不取决于桶壁最高的那块木板，而恰恰取决于桶壁上最短的那块。最短的木板起着限制和制约作用，决定了整个团队的战斗力，影响了整个团队的综合实力。对一个团队而言，无论其他人做得有多么好，只要一个人出现纰漏和瑕疵，损害的仍是整个团队的形象和声誉。对齐木桶的每一块木板，不放弃任何一个人，才能充分释放出团队的整体潜能。

关键时刻，我们要靠的是团队合作的精神。团队的发展最终靠的是全体人员的积极性、主动性、创造性的发挥，每个人充分展现自己的聪明才智，贡献自己的力量。有团队才有个人，公司发展了，个人才会从中受益。唯有大家齐心协力地发挥团队的力

量，才能让大家一同向前迈进，个人才能发挥自己最大的力量，去实现自己的理想与抱负。

妙语点睛

◎一个人像一块砖砌在大礼堂的墙里，是谁也动不得的；但是丢在路上挡人走路，是要被人一脚踢开的。

◎聪明人与朋友同行，步调总是一致的。

◎五人团结一只虎，十人团结一条龙，百人团结像泰山。

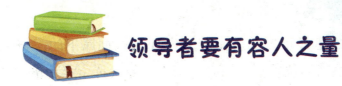

领导者要有容人之量

　　楚国大将子发爱结交各种有一技之长的人，并把他们招揽至麾下。有个人其貌不扬，号称"神偷"，也被子发视为座上宾，很多人都颇为不解。

　　有一次，齐国进犯楚国，子发率军迎敌。交战三次，三次败北。子发麾下不乏智谋之士、勇悍之将，但在强大的齐军面前，都无计可施了。

　　这时"神偷"请战。他在夜幕的掩护下，将齐军主帅的"睡帐"偷了回来。

　　第二天，子发派使者将睡帐送还给齐军主帅，并对他说："我们出去打柴的士兵捡到您的睡帐，特地前来奉还。"当天晚上，神偷又去将齐军主帅的枕头偷来，再由子发派人送还。

第三天晚上，"神偷"连齐军主帅头上的发簪子都偷来了，子发照样派人送还。齐军上下听说此事，甚为恐惧，主帅惊骇地对幕僚们说："如果再不撤退，恐怕子发要派人来取我的人头了。"于是，齐军不战而退。

举一反三

用人之道最重要的就是善于发现、挖掘属下的一技之长，并将之用在适当的位置上，用人得当，就能发挥事半功倍的效果。

一个优秀的团队需要各式各样的人才。一个人不可能方方面面都很出色，但是也不可能每一方面都很差劲儿，一无是处，再差的人也有出色的一面。一个成功的领导，不在于他自己能干多少事情，而是他能够清楚每个下属的优缺点，在适当的时候能够将"逊色"的员工派出去做适当的事情，这样往往能够取得出人意料的效果。

作为一个领导者还需要有容人之量，或许说是容人之智更为恰当。工作中，千万不能夹杂个人的喜好。也许你今天瞧不起的某个人，日后将成为你事业转机的有用之人。

一条清澈见底的河流，往往不会有任何鱼虾生存、繁殖；一块堆满了粪便和腐草的土地，才能长出最好的植物。一个人想有所作为，就应该有接纳庸俗的气度和宽容别人的雅量，绝对不能自命清高，不与任何人来往。

古人说"水至清则无鱼，人至察则无徒"，水太清，鱼类反而无法生存，人过于看重别人的优缺点，对别人明察秋毫，就交不到朋友。可见一个人如果孤芳自赏，就交不到朋友，更别说成就事业了，因为他会经常陷入孤立无援的状态。在这个世界上没有绝对的真理，正邪恶善都是交错存在的，所以我们立身处世的基本态度，必须有清浊并容的雅量。可见，一个人要想成就一番事业，就必须有恢宏的气度，俗话所说"宰相肚子能行船"，说的就是这个道理。

作为领导者，要有容人之量，能够容人之短，容人之非，容人之错，不但能容君子，而且更能容小人。忍一时风平浪静，退一步海阔天空。非畏也，非惧也，是大智慧也，乃真英雄也！

妙语点睛

◎世界上最大的是海洋，比海洋更大的是天空，比天空更广阔的是人的胸怀。

◎宽容是一种积极的人生态度。面对风云突变的世界，一个人必须有宽阔的胸襟，这样才能保持良好的生存状态，褊狭和嫉妒只能使自己的路越走越窄，最终走投无路。

◎开口便笑，笑古笑今，凡事付之一笑；大肚能容，容天容地，于人何所不容！

宽容是一个领导者应有的美德

经典案例

宋太宗和两个重臣一起喝酒，越喝越高兴，两个大臣都喝多了，竟然在皇上面前互相攀比起功劳来，他们越说越来劲儿，竟然干脆斗起嘴来，完全忘了在皇帝面前应该有的君臣之礼。在旁的侍卫们实在看不下去了，便奏请宋太宗，要将二人送到吏部治罪。宋太宗没有同意，而是早早地结束了酒宴，派人分别送两位大臣回家。

第二天两位大臣都从酒醉中清醒过来，想起昨天酒宴上的事情，都惊恐万分，连忙进宫请罪，宋太宗却轻描淡写地说："昨天我也喝多了，记不得此事了！

举一反三

宽容是一个领导者应有的美德，要想治理好一个团队乃至天下，就需要有容人的雅量。要学学宋太宗，当遇到下属冲撞自己，对自己不尊重的时候，既不处罚，也不表态，装糊涂，多宽容。这样既不失领导的尊严，又保全了下属的面子，下属也乐意为你效犬马之劳。既体现了领导的仁厚，又展现了领导的睿智。

对于任何一个团队，作为领导者一定要心胸宽广，能容纳百川。但是宽容并不等于要做"好好先生"，不得罪人，而是要设身处地为下属着想，这样才能称得上是一个颇具素养的领导者。

有容乃大是一种最珍贵的道德品质，也是成功人士必须要锻造的一种人性品格。宽容是一种与人相处的素质，是创造自我价值的重要思维品质。

宽容是一种承受，高山因为承受了树木，才能成其雄伟，大海容纳百川，才能成其辽阔。宽容是一种品格、一种境界。要宽容别人，有时候就要委屈自己。人天生就不是圣人，要养成宽容的性格，还要从小事做起，在小事上不苛求别人，尊重别人，也就尊重了自己。

妙语点睛

◎人应该学会宽容。多一些宽容就少一些心灵的隔膜，多一份宽容，就多一分理解，多一分信任，就多一份友爱。

◎以容己之心容人。用宽容自己的心态来宽容别人。

不拘一格选人才

经典案例

一天，庄子和他的弟子们上山，看到山中有一棵参天大树，因为太高大而免遭砍伐。于是庄子说："这棵古树恰恰是因为它无用才能够享有天年。"

傍晚，庄子和他的弟子们到一位老朋友家里做客，主人殷勤好客，吩咐家里的仆人："家里有两只大雁，一只会叫，另一只不会叫，将那只不会叫的杀了，来招待我尊贵的客人们！"

庄子的弟子们听了十分疑惑，便问庄子："老师，山中的古树因为无用而保存了下来，家里养的大雁，却因为不会叫而丧失了生命，我们应该采取什么样的态度来面对这繁杂无序的社会呢？"

庄子回答："还是选择有用和无用之间吧。虽然这之间的

171

分寸很难拿捏，而且不符合人生规律，但是已经可以避免很多争端，这足以应付人世了。"

举一反三

世间并没有一成不变的准则，面对不同的事物，我们需要不同的评判标准，对于人才的管理尤其明显。任何一个企业，其用人标准都是不同的。一个对其他企业非常有用的人，对自己的企业来说却不一定有用，而一个看似无用的人摆在一个适当的位置上，却可以创造出意想不到的价值。

善用人才是一个领导者成熟的标志，也是一个企业领导人能否在市场经济的海浪中取得胜利的关键之一。诸葛亮观人、刘邦用人、拿破仑选人的方法不尽相同，但是道理却相同。能成事者善用人，善用人者能成事。

在用人方面刘邦就是一个楷模。史书中记载：刘邦登上皇位后，在论其战胜项羽的经验时说："夫运筹帷幄之中，决胜千里之外，吾不如子房；镇国家，扶百姓，给馈饷，不绝粮道，吾不如萧何；连百万之军，战必胜，攻必克，吾不如韩信。此三者，皆人杰。吾能用之，此吾所以取天下。"

从中可以看出，一个领导人不是样样都行，样样都能干，但是他必须懂得用人、选人、识人，否则，任何雄才伟略都很难实现，任何宏图大业都很难成功。

睿智的领导人知道发现人才的优点，使得人尽其才，尽量避免人才浪费。

审慎选择适当人选是非常重要的，而这必须靠平日不断地观

172

察，留意每个人的发展动态。在检视的过程中，不仅要发掘能干的部属，而且要剔除办事不力的员工。

妙语点睛

◎领导用人原则：公平，公开，公正。唯德是举，唯才是用，量才录用，德才兼备者，必加重用；有德无才者，培养使用；无德有才者，限制使用；无得无才者，坚决不用。

◎跟对人，做对事，个人就会成功；选对人，做对事，团队就能成功。

◎骏马能历险，耕田不如牛。坚车能载重，渡河不如舟。舍长以就短，智者难为谋。

希望之光照亮成功之路

经典案例

　　从前，一老一少两个相依为命的盲人，每日在街头以弹琴卖艺为生。一天，老盲人终于支撑不住，病倒了。他自知不久将离开人世，便把小盲人叫到床头，拉着小盲人的手，吃力地说："孩子，我这里有个秘方，这个秘方可以使你得见光明。我把它藏在琴盒里面了，但你千万要记住，你必须在弹断第一千根琴弦时才能把它取出来，否则，你是不会看见光明的。"小盲人流泪答应了，老盲人含笑离去。

　　一天又一天，一年又一年，小盲人用心记着老盲人的遗嘱，不停地弹啊，弹啊，将一根根弹断的琴弦收藏着，铭记在心。当他弹断第一千根琴弦的时候，当年弱不禁风的小盲人已到了垂暮之年，变成一位饱经沧桑的老者。他按捺不住内心的喜悦，双手颤抖着，慢慢地打开琴盒，取出秘方。

别人告诉他，那是一张白纸，上面什么都没有。泪水滴落在纸上，他笑了。

老盲人骗了小盲人？

这位难过的小盲人如今变成了老盲人，拿着一张什么都没有的白纸，为什么反倒笑了？

就在拿出"秘方"的那一瞬间，他突然明白了老盲人的用心，虽然是一张白纸，却是一个没有写字的秘方，一个难以窃取的秘方。只有他，从小到老弹断一千根琴弦后，才能领悟这个无字秘方的真谛。

举一反三

这个秘方就是希望之光，是在漫漫黑暗的摸索中与苦难的煎熬中，老盲人为他点燃的一盏希望之灯。倘若没有它，他或许早就会被黑暗吞没，或许早就在苦难中倒下。就是因为有这么一盏希望之灯的支撑，他才坚持弹断了一千根弦。他渴望见到光明，并坚定不移地相信，黑暗不是永远，只要永不放弃努力，黑暗过去，就会是无限光明。

只要心存信念，就会有奇迹发生，希望虽然渺茫，但是它永存人世。

欧·亨利在他的小说《最后一片树叶》里讲了一个故事：有个病人躺在病床上，他绝望地看着窗外一棵被秋风扫过的萧瑟的树。他突然发现，在那棵树上，居然还有一片葱绿的树叶没有落。病人想，等这片树叶落了，他的生命也就结束了。于是，他

终日望着那片树叶，等待它掉落，也悄然地等待自己生命的终结。但是，那树叶竟然一直未落，直到病人身体完全恢复了健康，那树叶依然碧如翡翠。

其实，那树上并没有树叶，树叶是一位画家画上去的，它不是真的树叶，但它达到了真树叶的效果，给那个病人一个信念："活着，只要那片树叶不落，我的生命就不会死。"结果，他真的康复了。他走出病房，去那棵树下看个究竟。

他站在树下，被画家的用心感动了。

因为画家是唯一了解他内心秘密的人，画家知道他在等待树叶全部掉落之后，再悄然地结束自己的生命。于是，画家顺着病人的心思设计了这么一片假树叶。就是这片假树叶，给他不断地注入活下去的勇气。

人生可以没有很多东西，却唯独不能没有希望。有希望之处，生命就生生不息！

妙语点睛

◎我们要心存希望，要勇往直前，要坚持，要有毅力，那么，成功早晚属于你。

◎我们必须接受失望，因为它是有限的，但千万不可以失去希望，因为它是无穷的。

◎人生没有坦途，但是不能停止，我们必须向前，因为未来在前方。那些幸福的人不一定是最成功的人，他们也经受过挫折与失败，但是不同的是他们永远充满希望，永远对幸福有信心。

透过现象看透本质

经典案例

　　两个旅行中的天使到一个富有的家庭借宿。这家人对他们并不友好，并且拒绝让他们在舒适的客房过夜，而是在冰冷的地下室给他们找了一个角落。当他们铺床时，年长的天使发现墙上有一个洞，就顺手把它修补好了。年轻的天使问为什么，老天使答道："有些事并不像它看上去那样。"

　　第二晚，两人又到一个非常贫穷的农家借宿。主人夫妇俩对他们非常热情，把仅有的一点点食物拿出来款待客人，然后又让出自己的床铺给两个天使。第二天一早，两个天使发现农夫和他的妻子在哭泣，他们唯一的生活来源——奶牛死了。年轻的天使非常愤怒，他质问老天使为什么会这样，第一个家庭什么都有，老天使还帮助他们修补墙洞，第二个家庭尽管如此贫穷，还是热

情款待客人，而老天使却没有阻止奶牛的死亡。

"有些事并不像看上去的那样。"老天使答道，"当我们在地下室过夜时，我从墙洞看到墙里面堆满了金块。因为主人被贪欲所迷惑，不愿意分享他的财富，所以我把墙洞填上了。昨天晚上，死亡之神来召唤农夫的妻子，我让奶牛代替了她。所以有些事并不像它看上去的那样。"

举一反三

苹果熟了，从树上掉下来，这是日常生活中再平常不过的现象了，然而牛顿却由此引发了"为什么苹果不飞上天而落到地上"的联想，并因此深入地研究、推理，最终发现了著名的万有引力定律。苹果落地这一现象的产生，其本质是万有引力的吸引而造成的。

在古代，人们看见自己生活的土地四四方方，而太阳却是东升西落，由此现象而产生了"天圆地方"的假说。哥伦布环海旅行之后，人们才真正意识到，地球是圆的，是一个球体。原来，"天圆地方"的表象是错误的，而地球是一个球体才是本质。

有许多年轻人非常羡慕舞台上光芒四射的明星，因为他们有众多的追求者以及喜爱者。这些年轻人也梦想着有一天能成为明星，受人追捧。然而他们只看到了明星们舞台上的精彩表演，却没想过舞台之下众多明星所付出的努力。"台上一分钟，台下十年功"是名副其实的。

苹果落地的表象蕴藏着万有引力定律的奥妙；地球是一个球体而并非"天圆地方"；台上的光辉，台下的汗水……透过生活中种种表象，认识其本质的真相，这能够令我们更清晰、明智地认识世界。

妙语点睛

◎现实生活中，没有一成不变的东西，不变是相对的，变化是绝对的，不能用旧的眼光看待变化了的事物，要学会透过现象看本质。当别人因为表面现象误解自己的时候，我们一定要头脑清醒，说明真相，消除误解。

◎一个领导者一定不能被事情的假象所蒙蔽，要保持清醒的头脑，透过事情的表面，看到事情的本质，不能草率地做出任何有损团队利益的决定。

请慎用权力

在杂志上看到了关于《军犬黑子》的文章。大致内容如下：

军犬黑子目光如电，精神饱满，威风凛凛，每逢甄别嫌疑犯，总能让做贼者先心虚起来。

随着训导员的一声号令，黑子可以很快就用嘴把丢失的东西从隐秘处叼出来，接着又向站着的人群跑去，没费多少劲儿，就叼住了那个小偷。

黑子兴奋地望向训导员，等待着嘉奖。但训导员却使劲摇着头对黑子说："不！不是他！再去找！"

黑子大为诧异，眼睛里闪出迷惑的光。平时对训导员的绝对信赖，又使它转回头重新更为谨慎地辨认。专业知识告诉黑子，它没错！于是重新把那个小偷叼了出来，可是训导员却说："不对！再去找！"

黑子迟疑地盯着训导员，转回身去花更长时间去嗅辨。最后，它还是站在了小偷的身边，向训导员坚定地望去：就是他！不会是别人！

"不！绝对不是！"训导员大声吼着，表情也严峻起来。

黑子的自信心被击溃了，但是，他相信训导员超过相信自己。它放弃那个小偷，去找别人。可是不对啊！气味骗不了黑子。它焦急地踱着步，在每个人的脚边都停一会儿，一会儿急促地嗅辨，一会儿扭回头去窥测训导员的眼神……最后，它根据训导员的眼色把一个假小偷给叼了出来。

训导员与那些人一起哈哈大笑起来。黑子糊涂了，愣在当场。之后，训导员告诉黑子："你本来是对的，可错就错在没有坚持。"

举一反三

这个故事很多人应该都知道，据说后来还被编进了教材。从这个故事中联想到了我们的领导者，作为一个团队的首脑，你的信念和评判，有可能影响你下属的一生。领导者与被领导者之间，有一种无形的氛围，一不小心就会上演黑子的悲剧。

有时在被领导者眼里，领导者就代表了正义、秩序和真理。如果领导者的言行出了格，玩笑过了火，假当真，真当假，就会给被领导者一种误导，他不知道什么是真的，什么是假的，他已失去了衡量真伪的标准。而领导者在被领导者心目中的形象也会大打折扣，说话前后矛盾，言行不一，喜怒无常，不能在恰当的

时候给出正确的褒奖与惩罚，这样不只会打击被领导者工作的信心，有时甚至会改变他积极的人生态度。

妙语点睛

◎管理者啊，请慎用你的权力吧！切不可用你的权势去胡乱愚弄你的下属呀！

◎身为领导人员的你，本身的情绪不管好或坏，不可避免地会反映在为你工作的那些部属身上。你必须控制这些情绪，不要让情绪来控制你。

团队与团队的合作——亲密有间

经典案例

从前，在一个大森林里，生活着一只两头鸟，鸟的两个头"相依为命"。遇事两个"头"都会一起讨论一番，当意见达成一致以后，才会采取行动，比如，到哪里去找吃的，去哪里喝水，在哪儿筑巢栖息等。

有一天，一个"头"不知为何对另一个"头"产生了很大误会，造成彼此互不理睬的仇视局面。

其中有一个"头"，想尽办法和好，希望还和从前一样快乐地相处。另一个"头"则不理不睬，根本没有要和好的意思。

在关于食物方面，那善良的"头"建议多吃健康的食物，以增强体力；但另一个"头"则坚持吃"毒草"，以便毒死对方，才可消除心中怒气。和谈无法继续，于是只有各吃各的。最后，

那只两头鸟终因吃了过多的有毒食物而死去了。

举一反三

在一个公司内，组织之间的关系就好像是个大家庭，成员中的兄弟姐妹，应该和和气气，团结一致。若发生什么不愉快的事，大家应开诚布公地解决，不应将他人视为"敌人"，想尽办法敌视他。因为大家都在同一个公司内服务，一旦某个组织溃不成军时，其他组织也将深受其害。

妙语点睛

◎亲密是介于组织、主管和员工之间一条看不见的线。有了亲密感，才会有信任、牺牲和忠贞。

◎团队间合作的基础，是认同相同的执行文化，为了共同的目标努力，或者受到相同的利益驱使。

一定要遵守诺言

经典案例

　　著名的商鞅变法在执行之初是存在一些问题的。当时，商鞅准备在秦国变法，他制定了许多新的法律。为了使百姓相信新法是能够坚决执行的，他便在京城南门口立了一根大木头，对围观百姓说："谁能将这根木头从南门搬到北门，就赏他50两银子!"

　　在当时，50两银子是个不小的数目，而搬运木头从南门到北门，却并不是一件困难的事情。大多数人都不相信有这等好事，都担心商鞅的许诺不能兑现。

　　就在大家犹豫不决时，有一个人却扛起木头，从南门一直走到北门，商鞅当场兑现，赏给他50两银子。这样一来，人们都相信商鞅说的话是算数的，因此在推行他所立新法的时候人们就遵守了。

举一反三

　　在我国古代，很注重言不在多，但必须信守承诺的道理，因为信守承诺就能得到人们的信任。一般老百姓不讲信用，只是关系到人际关系；而政治家、军事家不讲信用，则关系到治国、治军的大事。

　　在今天，信守承诺更成为一项事业成功的重要因素。在中国，有相当多的城市提到自己的宣传口号时也总会出现"诚信"这两个字。

　　虽然说守信大家都知道说，也都明白是怎么回事，但是总有些人会出于一些特殊的原因而不能遵守他的诺言。作为一个管理者，在这方面尤其应该重视。特别是有的领导者，当下属做了一件很令自己高兴的事的时候，总会脱口而出许下一个什么诺言。他们的许诺大多和升职、加薪有关，这就让下属翘首以期盼。由于工作繁忙，他也许说过之后就忘记了，这样的结果会极大地挫伤下属工作的积极性。

　　领导人不遵守自己的诺言将会使下属很快产生对上司的不信任感，得不到群众信任的上司怎么可能带领自己的团队取得优异的成绩呢？领导者的成功总是和团队基层工作人员的努力分不开，所以尤其不能轻视自己对下属的许诺，要么坚决不许诺，许诺就一定要遵守，哪怕最后会带来一些损失。

妙语点睛

◎信达于诚，方能勤政；法精于治，方能谐民。

◎生活是需要诚信的，有了诚信才会有幸福可言。

用人要有容人的雅量

经典案例

春秋时期，齐国国君齐襄公被杀。襄公有两个兄弟，一个是公子小白，当时在莒国(都城在今山东莒县)，公子小白的师父叫鲍叔牙。另一个是公子纠，当时在鲁国(都城在今山东曲阜)，公子纠的师父叫管仲。两个公子听到齐襄公被杀的消息，都急着要回齐国争夺王位。

在公子小白回齐国的路上，管仲早就派好人马拦截他。管仲拈弓搭箭，对准小白射去。只见小白大叫一声，倒在车里。

管仲以为公子小白已经死了，就不慌不忙护送公子纠回到齐国。没想到公子小白是诈死，等到公子纠和管仲进入齐国国境，小白和鲍叔牙早已抄小道抢先回到了国都临淄，小白当上了齐国国君，即齐桓公。

齐桓公即位以后，下令要追杀公子纠，并把管仲也送回齐国治罪。

管仲被关在囚车里送到齐国。鲍叔牙立即向齐桓公举荐管仲。

齐桓公气愤地说："管仲拿箭射我，要我的命，我还能用他吗？"

鲍叔牙说："那时他是公子纠的师父，他用箭射您，正是他对公子纠的忠心。论本领，他比我强得多。主公如果要干一番大事业，管仲可是个用得着的人。"

齐桓公也是个豁达大度的人，听了鲍叔牙的话，不但没有治管仲的罪，还立刻任命他为相，让他管理朝政。

管仲帮着齐桓公整顿内政，开发富源，大开铁矿，多制农具，后来齐国越来越强大了。

举一反三

领导者用人要有容人的雅量。在用人的时候要看谁最有能力，而不是谁跟你关系最好就用谁，谁跟你有过节就不用谁。齐桓公重用管仲，缔造了盛世江山。

人与人相处难免会有仇怨。应该忘记过去，不计前嫌。如果老板对看不顺眼的下属伺机报复，其实这并不是让下属难看，而是给自己制造麻烦。你打击了下属，最终伤害的还是公司的利益。

妙语点睛

◎一个企业领导，能做到像齐桓公这般不计个人仇怨，是企业发展的又一个契机。

◎你打我一拳，我必定想方设法踩你两脚，但是，踩过之后呢？对你有什么好处？

自以为是弊端多

元朝大画家何澄饱读诗书，他根据刘义庆所著《世说新语》中记载的故事绘制了一副《陶母剪发图》。画的内容是：在晋国，有一个叫陶侃的贫困青年，有一天，他的朋友来拜访他，因为没有钱买酒招待他，陶侃的母亲在匆忙之间，便把自己的头发剪下来去卖钱换酒菜。

这幅画被年仅8岁的岳柱看到了，便毫不客气地指出了画中矫情之处：陶侃的母亲手上戴着金手镯，却要剪下头发去换取酒菜，这是不合情理的。因为金首饰更值钱，完全可以用它去换酒，何必匆匆忙忙把头发剪了去换酒菜招待客人呢？

举一反三

岳柱是一个8岁的孩子，他看问题根本不去考虑《陶母剪发图》所宣扬的魏晋名士风度，而是根据自己对生活、对人情世故的直观认识，去理解画面的意思，所以他的发问一针见血，切中要害。

成年人以为自己看过的事情太多，经历过的事情太多，总是在强调一种所谓的成熟。其实，有时候社会新人独特的视角，正是久经沙场的老将们所不及的地方。因为单纯，所以直接，于是他们所提的方案可能就最有效。一个成熟的领导者是不会正面否定年轻下属的新创意或新想法的，这一次也许不能用，但是也许下一次就可以发挥重要作用了呢?

妙语点睛

◎自以为是的主管常轻视成员的创意，从而关闭成功的大门。

◎丧失谦逊，会危害我们的判断力;自以为是，会让我们前进时栽跟头。

◎学会以理解、欣赏的眼光去看对方，而不是自以为是地管对方。